职业院校创业创新教育（培训）教材

创业创新意识训练册

人力资源社会保障部教材办公室　组织编写

主　编：朱红星　陈晓雯
副主编：谢广伟　颜志成
参　编：李春艳　叶　芬　邓奔戈

中国劳动社会保障出版社

图书在版编目(CIP)数据

创业创新意识训练册/人力资源社会保障部教材办公室组织编写. -- 北京：中国劳动社会保障出版社，2021

ISBN 978-7-5167-5058-2

Ⅰ.①创… Ⅱ.①人… Ⅲ.①创业-技术培训-教材 Ⅳ.①F241.4

中国版本图书馆 CIP 数据核字(2021)第 193229 号

中国劳动社会保障出版社出版发行

(北京市惠新东街 1 号 邮政编码：100029)

*

三河市华骏印务包装有限公司印刷装订 新华书店经销

787 毫米×1092 毫米 16 开本 8.25 印张 162 千字

2021 年 11 月第 1 版 2021 年 11 月第 1 次印刷

定价：23.00 元

读者服务部电话：(010) 64929211/84209101/64921644

营销中心电话：(010) 64962347

出版社网址：http://www.class.com.cn

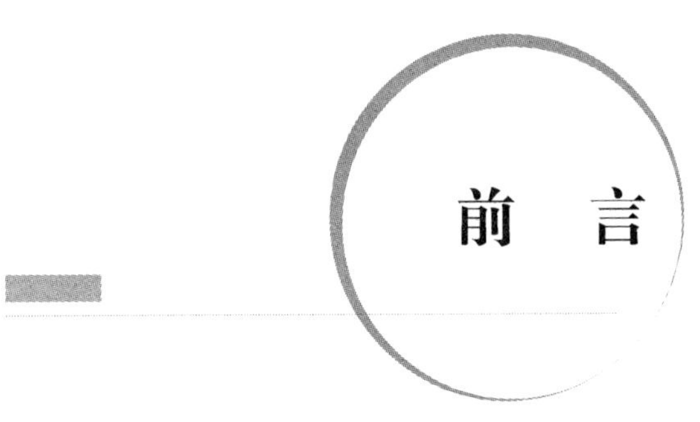

前 言

创业是时代发展的主题，党的十九大报告指出，“激发和保护企业家精神，鼓励更多社会主体投身创新创业”“创新是引领发展的第一动力，是建设现代化经济体系的战略支撑”。党中央、国务院高度重视青年创新创业工作，习近平总书记强调，全社会都要重视和支持青年创新创业，提供更有利的条件，搭建更广阔的舞台，让广大青年在创新创业中焕发出更加夺目的青春光彩。李克强总理曾指出，青年愿创业，社会才生机盎然；青年争创新，国家就朝气蓬勃。创新创业教育和创业培训是增强青年创新创业意识、焕发创新创业精神、提高创新创业能力和促进创新创业活动的基石，也是深化职业院校和职业培训机构教育教学改革、培养青年学生创新创业精神和实践能力的重要途径，更是落实以创业带动就业、促进实现更高质量就业的重要措施。为响应《人力资源社会保障部办公厅关于推进技工院校学生创业创新工作的通知》（人社厅发〔2018〕138 号）对普及创业创新教育的要求，各地要加强技工教育创业创新课程体系建设，将创业创新课程纳入技工院校教学计划。创业创新课程作为创业教育培训的主要载体和工具，是促进创业创新理念转化为创业创新教育实践的重要手段，也是培训创业创新人才的关键。

本书在借鉴国内外成功经验的基础上组织内容，吸纳当代创业创新教育

（培训）的最新成果，立足实际，采用任务驱动理念，围绕激发创业创新思维、提升创业创新思维能力的方法和工具进行讲解。本书由朱红星、陈晓雯主编，谢广伟、颜志成副主编，李春艳、叶芬、邓奔戈等参与了编写工作。本书适合作为创业创新教育（培训）教材，也可以作为创业创新教育（培训）或创业创新竞赛参考用书。

鉴于编者水平所限，时间仓促，本书编写过程难免存在错误和不足之处，敬请读者和专家批评指正。

编　者

目 录

Contents

项目 1 感悟创业创新榜样 …… 1

任务 1 寻找创业创新人物 …… 2
任务 2 分析创业创新人物能力 …… 9

项目 2 评估创业创新能力 …… 14

任务 评估创业创新能力 …… 15

项目 3 激发创业创新思维 …… 27

任务 1 同理心地图法 …… 29
任务 2 情境故事法 …… 36
任务 3 头脑风暴法 …… 44
任务 4 奥斯本检核表法 …… 50
任务 5 和田十二法 …… 55
任务 6 5W2H 分析法 …… 60
任务 7 TRIZ 法 …… 69
任务 8 CODEX 法 …… 85

项目 4 提升创业创新思维能力 …… 93

任务 1 思维导图法 …… 94
任务 2 开放式创新方法 …… 102
任务 3 世界咖啡法 …… 107
任务 4 创业模式和方法 …… 113

项目1

感悟创业创新榜样

项目综述

本项目要求学习者通过多种方法广泛了解不同人物的创业创新经历，通过分析这些创业创新人物的特征，了解创业创新的能力要求，进而领悟创业创新的基本内涵，明确自己的努力方向，树立创业创新的信心。

项目流程

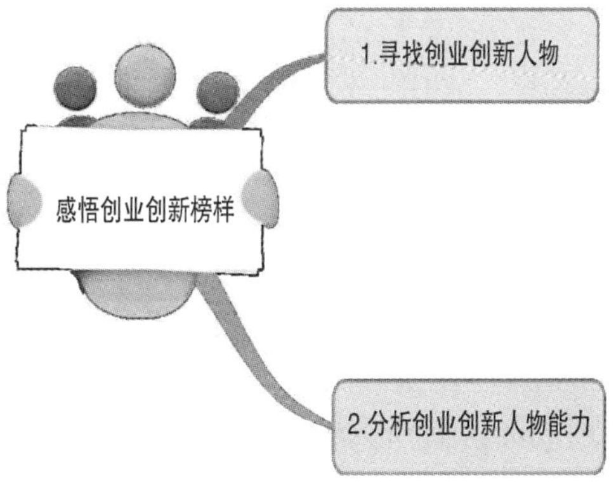

项目任务

任务1　寻找创业创新人物

任务2　分析创业创新人物能力

任务1　寻找创业创新人物

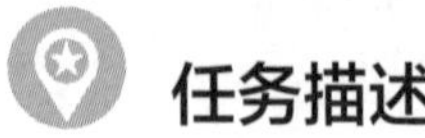

任务描述

万东就读于某职业院校，3个月后就要毕业了，他一直在犹豫，自己毕业后是创业，还是就业。近两年国家出台了一系列利好政策，大力提倡创业创新，在这样的环境下，万东也很想投入创业创新的浪潮中，可他很清楚自己尽管有知识、有激情、有梦想、有冲劲儿，但缺乏社会实践，没有经历过市场的“风雨”考验，也没有管理团队的经历，对自己能否应对创业过程中的种种风险，他的心里也没有底。想做点儿小本创业的项目起步吧，可一直也找不到合适的，不是资金投入量大，就是利润太低，真是不知道该从何处下手，万东感觉自己很迷茫。

万东想起有人说过，“成功的商业模式能复制”，于是他计划寻找一些创业创新成功者的案例，看看他们的经历，希望能够从中获得启发，帮助自己找到创业创新的“突破口”。

任务目标

能通过搜索引擎等多种途径寻找创业创新人物。

任务实施

一、利用搜索引擎寻找创业创新人物

通过互联网搜索信息时，利用搜索引擎可以快速找到与所搜索信息相关的网页，非常便捷。利用搜索引擎寻找创业创新人物可以通过以下方式实现。

1. 利用关键词搜索

关键词就是用户在使用搜索引擎时输入的能够最大限度概括用户所要查找的信息内容的文字。关键词是获取良好搜索结果的前提，正确使用关键词，可以缩小搜索范围。关键词越少，搜索出的结果越多，使用多个关键词可以缩小搜索范围。多个关键词之间可以用空格分隔，

如搜索广东地区饮食行业创业创新人物，可以“广东 饮食 创业”为关键词获取相关信息。

2. 利用分类目录搜索

分类目录是指对网站信息进行系统的分类整理，形成一个按类别编排的目录。分类目录通常拥有可供浏览的树状结构，用户可在分类目录中逐级浏览相关网站、网页或信息。分类目录中往往还提供交叉索引，方便用户在相关目录之间跳转和浏览。

例如，利用“中国知网”查找创业创新人物相关信息。

第一步，进入“中国知网”首页，点击“创业创新”进入相关目录，如图 1-1 所示。

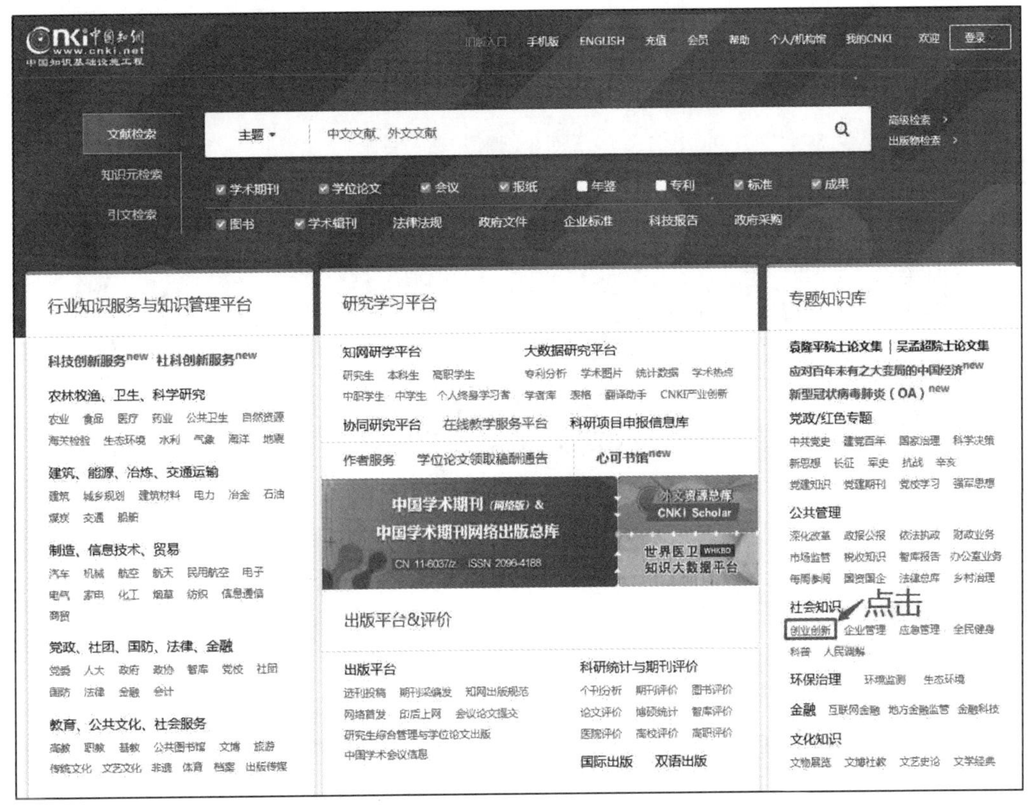

图 1-1　“中国知网”首页

第二步，进入“创业创新”相关目录后，点击“创业人物库”进入相关子目录，如图 1-2 所示。

第三步，进入“创业人物库”子目录后，可选择自己感兴趣或与个人相关度较高的创业故事、创业陷阱等阅读，如图 1-3 所示。

3. 登录专业网站搜索

可以登录专业网站去搜索创业创新人物的创业案例，如中国大学生创业网、青年创业网、正保创业实训网等。

图 1–2 “创业创新”相关目录

图 1–3 在“创业人物库”中选择阅读内容

二、寻找身边的创业创新人物

你身边有很多创业创新人物，因平常没有去关注或他们名气不大，而容易被你忽略。事实上，身边这些创业创新人物的故事可能更加“有血有肉”，更容易引起你的共鸣，更具有学习和借鉴价值。

1. 向亲朋好友了解

你可以设置一份调查问卷，向亲朋好友打听身边这些创业创新人物的经历。问卷的内容主要包含以下方面：

- 创业创新人物基本情况。
- 创业创新人物的创业项目。
- 创业创新人物的经历。
- 创业创新人物具备的专业技能。
- 创业创新人物如何发现商机，如何迈出第一步，以及获得过哪些外部帮助。
- 创业创新过程中遇到过什么样的困难，又是如何应对这些困难的。
- 你的亲朋好友如何评价这个创业创新人物，他们认为这个人物能够创业成功的关键因素是什么。

待了解这些创业创新人物的故事后，你要及时总结，可以从中获得什么经验或启发等。

2. 关注相关新闻

近年来，各地树立了诸多的创业创新典型，并通过报纸、网络等媒介对其进行宣传，以引导民众关注并参与创业创新。你可以关注当地新闻媒体或网络推送的相关新闻来寻找身边的创业创新人物。图 1-4 所示为某地方报纸上刊登的名为“做本行业的行家里手”的创业

2018年10月1日 星期一

要闻　A3

做本行业的行家里手

——乐昌乡贤余粤清心念桑梓返乡办企记

行业领域专家，不是谁都敢称的。然而，乐昌乡贤余粤清就有这个底气。其所创办的广东科优精密机械制造有限公司（以下简称广东科优）的宣传册首页，就赫然印着：“汇流板专家”！凭的是什么？当然是专业！

逐梦故土，鸿雁归巢办企展宏图

余粤清是韶关乐昌人，毕业后一直在珠三角地区工作。2007年，他走上了创业之路，先后创办了佛山鑫铮盈工业自动化设备有限公司、佛山市科优精密机械制造有限公司、广东科优精密机械制造有限公司。

2016年7月，在产业转移的大背景下，余粤清选择了返乡，投资3500余万元在乐昌产业园购地，进行厂房建设和设备更新，将公司安在乐昌产业转移工业园。

在“大朗效率+乐昌服务”的双加持下，于2017年底建成了新工厂，配备先进的自动化生产线及完善的质量检验体系，架设了两条目前国内最先进的高端工业铝型材挤压生产线。新工厂在今年3月正式投产，年产值约3000万元。

余粤清介绍，广东科优是一家集专业设计、生产、销售各种气动电磁阀汇流板的企业。公司秉承“专业、创新、求实、诚信”理念，专注于气动汇流板的开发及生产，产品引领行业，努力为国内外各大气动元件生产商、气动元件贸易商及终端客户提供优质产品，在新一轮科技革命和产业变革中贡献乐昌制造。

制造+设计，获十余项实用新型专利

你可知道？中国南车股份有限公司生产的高铁气动开门集成系统，以及富士康、美的、格力等众多世界500强企业内的自动化生产线及自动化设备中，都应用了广东科优研发、生产和技术优化后的产品。

自创业以来，余粤清带领三家企业共计获得实用新型专利10余项，目前还有10多项正在申请当中。2018年7月广东科优的研发中心还被韶关市科技局认定为韶关市流体控制工程技术中心。

从制造到智造，桌面搬运机器人即将上线

余粤清说，广东科优的理念是“研发带动产业升级”，目标是从制造迈向“智造”。他告诉记者一个好消息，经过前期市场调研、产品研发，广东科优将在9月上马桌面搬运机器人项目。

“结合企业现状，我们有产业链的优势，从研发到生产，再到销售，广东科优都具备很好的条件，可以说是顺势而为。未来，我们将结合工业自动化，进一步做好产品延伸。”他说。

领“省长红包”，纳入韶关“倍增计划”

因技术含量高，产品应用广泛，广东科优的企业前景十分看好。最令余粤清高兴的是，今年，其公司还获得了100万元的“省长红包”。乐昌仅有两家企业获得此殊荣。这100万元鼓励资金，余粤清全部投入到新产品研发中。

还有一个好消息是，今年，韶关市启动企业“倍增计划”，按照“选好选优、培优培强”原则，在全市范围内选取了107家优质企业作为试点，力争用3-5年时间，推动试点企业实现规模与效益的倍增，帮助企业做大做强做优。广东科优名列其中。

“相信有政府的大力支持，广东科优一定会越来越好！”面对未来，余粤清信心满满！

韶关日报记者 薛柏华　通讯员 王智超

“零距离”协商 优化营商环境

（紧接A1版）企业兴旺，才能富民强市。市委、市政府高度重视企业发展，政府部门一定要服务好企业，打通政府服务营商环境的“神经末梢”，为企业提供更高的行政效率，保障更低的营商成本；对企业所反映的问题，政府各部门要主动领任务，并限时研究、限时答复、限时解决，做到事事有回音、件件有着落，同时要举一反三解决类似问题；政府要主动“采购”问题，充分发挥市工商联作用，搜集企业发展面临的实际难题，并提出有效措施解决问题。

殷焕明强调，韶关作为生态发展区，一定要坚持生态优先、绿色发展、创新发展和高质量发展。企业要坚守生态底线，坚决淘汰落后产能，通过抓创新、抓技改、抓人才、抓管理来提升竞争力，拓宽发展空间，达到企业与环境和谐统一，共同推动韶关在高水平生态保护中实现高质量发展。

图 1-4　某地方报纸上刊登的创业创新典型案例

创新典型案例。

三、做好信息摘录

俗话说："好记性不如烂笔头。"查阅信息时，要做好摘录笔记，将有用的信息记录下来，以便于积累各种资料，进行分析、对比和总结，在此基础上进行思考，发现并研究新问题，为你的创业创新活动做准备。

本教材设计了一份信息摘录表供你学习和借鉴，见表 1-1。

表 1-1　信息摘录表

项目	摘录内容
创业经历	
创业项目	
创业动机	
创新方法	
成功经验	
创业者的特点	
创业者的经验、体会或教训	
你明白的道理和由此产生的想法	

知识链接

一、什么是创业

创业是创业者对自己拥有的资源或通过努力能够拥有的资源进行优化整合，从而创造出更大经济或社会价值的过程。

实现创业，需要创业者设定一个自己可能实现的目标，坚持下去，在实现目标的过程中充分运用自己掌握的知识、技能、资源或发现的信息、机会，以创新的思维和艰苦的努力，开辟新的工作途径，开创新的工作局面，争创新的工作业绩，取得新的、突破性的工作成就。

二、什么是创新

创新是指以现有的思维模式提出有别于常规或常人思路的见解，以此见解为导向，利用现有的知识和物质，在特定的环境中，本着理想化需要或为满足社会需求而改进或创造新的事物、方法、元素、路径、环境，并能获得一定有益效果的行为。

要实现创新，一要有创新意识和科学思维，有敏锐发现问题的能力和敢于提出问题的勇气，善于运用相似联想、发散思维和逆向思维，敢想会想；二要有坚定的信心和坚强的意志，不断进取，顽强奋斗，当创新活动误入歧途时能及时调整方向。

三、什么是创业创新

1. 定义

创业创新是指基于技术创新、产品创新、品牌创新、服务创新、商业模式创新、管理创新、组织创新、市场创新、渠道创新等方面的某一点或几点创新而进行的创业活动。创新是创业创新的特质，创业是创业创新的目标。

2. 创新和创业的关系

创新和创业的关系是相辅相成、无法割裂的。创业创新是创新基础上的创业活动，创新是创业的基础和前提，创业是创新成果的载体和呈现。创新强调的是开拓性与原创性，创业强调的是通过实际行动获取利益的行为。

创新带动创业，创业促进创新。在创业活动中，创业者只有不断创新，才能使所开拓的事业生存、发展并保持持久的生命力。

四、对技工院校学生创业创新的政策扶持

2018 年 12 月 18 日，人力资源社会保障部办公厅印发《关于推进技工院校学生创业创

新工作的通知》（人社厅发〔2018〕138 号），提出，要指导推动技工院校帮助符合条件的自主创业毕业生申请享受税费减免、创业担保贷款、创业补贴、场租补贴等创业扶持政策。

任务练习

1. 查找华为技术有限公司董事长任正非的创业创新经历。

2. 寻找一个与你有着相似特征（经历相似、知识背景相似、年龄相仿等）的创业创新人物。

推荐书单

1. 石鹏建. 大学生创业典型人物事迹［M］. 北京：知识产权出版社，2018.
2. 张燕. 马云：我的世界永不言败［M］. 杭州：浙江人民出版社，2017.
3. 李洪文. 任正非：九死一生的坚持［M］. 北京：中国言实出版社，2014.

任务 2　分析创业创新人物能力

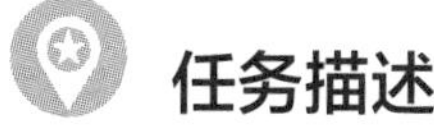

任务描述

万东通过寻找创业创新人物，分析他们的创业经历，得到了很多启发。他发现很多创业者的成功虽然有机遇的因素，但他们都具备一定的创业素质和创新能力，这使得他们能够应对创业或创新过程中遇到的诸多难题。因此，万东觉得，要想创业创新，不能凭空去抓项目，而要脚踏实地，从自己能不能做这件事情开始分析。他决定先从这些成功者的创业经历入手，分析他们都具备怎样的创业素质和创新能力，也就是明确创业创新的“门槛儿”究竟有多高，以便进行自我衡量和提高。

任务目标

1. 能够分析创业成功者具备的创业素质和创新能力。
2. 能够分析自身不足，有的放矢地提升自己的创业素质和创新能力。

任务实施

一、确定分析对象

万东从所找到的创业创新人物中选择了一位叫凌云的创业者，对其创业经历进行分析。

凌云是广东省某职业院校学生，在校学习期间销售绿色食品，两年时间就盈利数万元。

在参加一次联谊会时，他认识了吴东升。吴东升读计算机技术专业，已经在互联网行业创业多年，主要是为企业和个人设计网页，一直是一个人在拼搏。凌云认为互联网行业依然存在着巨大的商机，于是邀请吴东升一起创业。

吴东升认识到，一个人创业难度大，而且成本高，两个人一起努力或许有不一样的结果，当时政府成立了创业孵化基地，吴东升认为这是创业的好时机，于是俩人一拍即合。

当年年底，他们进驻了创业孵化基地。次年 3 月，他们又出资 10 万元注册成立传媒科技有限公司。凌云主要负责市场开拓，而吴东升主攻技术。

但创业的道路并不像他们想象中那么顺畅。两人创业之初，主要是做网站建设，虽然接了一些订单，但他俩发现，做网站能养活自己，却赚不了太多的钱。

后来他们又尝试推出了“自助建站产品”，利用他们提供的产品，顾客可以根据自己的需求，快速建设自己的网站。但后来他们也发现，这一块业务的竞争压力更大，盈利更难。他们当初推出了 360 元的服务，最困难的时候，两个月才成交两宗业务。

经过分析，他们又将重点转向了“网站教程”，与之前推出的业务相比，这项业务的技术含量更高，需求也更大。他们调整了经营策略，一开始免费供应，待市场开拓到一定程度后再推出收费版本，这项业务的开展使得公司经营逐渐走上正轨。

经过近一年的努力，他们意识到，创业最重要的是要有目标，而不是盲目创业。只有有了方向，才能一步步朝着自己的目标前进。而在创业孵化基地，免租金、免水电费的政策也减轻了他们的创业压力，基地还会经常举办财务知识讲座等，帮助创业者解决在创业过程中遇到的许多问题。

二、分析创业创新人物的创业素质和创新能力

万东从以下 13 个方面对凌云和吴东升的创业过程进行了分析。

1. 创业动机——想创办自己的企业并盈利。

2. 创业经验——凌云在上学时有成功创业的经验，吴东升在互联网行业创业多年。

3. 专业技能——凌云有开拓市场的能力，吴东升有专业技术。

4. 决策能力——他们都有决策能力，当公司盈利不多时，他们能及时调整经营策略，推出新的项目。

5. 毅力——两个月才成交两宗业务并没有吓倒他们，体现出他们具有面对困难的勇气；经过近一年的努力，公司经营逐渐走上正轨，体现出他们的毅力。

6. 风险控制——因为一个人创业难度大、成本高，所以选择两个人一起努力，共同承担风险，体现出规避风险的意识和能力。

7. 诚信——在企业面临竞争压力大、盈利难、两个月才成交两宗业务的困境时，他们没有轻易放弃，而是坚持下来，并将经营重点转向技术含量更高、需求也更大的项目。这体现出他们对企业负责，全身心投入。

8. 企业经营能力——企业最初主要做网站建设，后又尝试推出了“自助建站产品”，发展不理想后，两个人经过分析，又将重点转向“网站教程”。这显示出他们有企业经营能力，能承受企业经营中出现的难以避免的风险。

9. 创新能力——勇于创新，尝试不同的经营策略。

10. 把握机遇——他们入驻创业孵化基地，充分利用创业孵化基地给予的优惠政策，这

使他们拥有了良好的创业创新环境。

11. 团队合作——凌云拓展市场，吴东升开发技术，互相配合，充分发挥各自的长处。

12. 学习能力——经常参加创业孵化基地举办的财务知识讲座等，不断学习解决在创业过程中遇到的许多问题。

13. 财务状况——他们出资 10 万元注册成立了传媒科技有限公司。

知识链接

成功创业者之所以能够获得成功，不是因为他们运气好，而是因为他们付出了努力，并且具有创业创新素质和能力。表 1-2 中列出了创业者应当具备的创业素质和创新能力。

表 1-2　　创业素质和创新能力表

素质和能力		特征
素质	创业动机	是创业者愿意冒各种风险去创立企业的激励因素。一般来说，创业者创业动机越强烈，创业成功的可能性就越大；反之，创业成功的可能性就越小
	毅力	创业过程中会遇到一些意想不到的困难，创业者要做到坚持而不退缩，并具有极强的心理承受能力，愿意承担责任，愿意采取行动去处理疑难问题
	诚信	“诚实是最好的公共关系政策。”商家只有以诚待客，货真价实、公平买卖、信守合同，方能实现顾客盈门
能力	创业经验	从经历的社会实践中获取相关知识
	专业技能	具备丰富的专业知识和精湛的专业技能，是确保创业者能够在业内游刃有余的必备条件
	决策能力	是指创业者根据主、客观条件，因地制宜确定创业的方向、目标、战略以及具体选择实施方案的能力
	风险控制	创业是有风险的，企业发展往往伴随着风险，创业者要有冒险精神，但又不能盲目地冒险，要有风险控制能力，减少风险事件发生时造成的损失
	企业经营能力	具备组织生产（服务）、成本核算、记账、处理员工关系等经营企业的能力
	创新能力	结合市场需求，使推出的产品“人无我有，人有我新，人有我精”，及时调整产品或营销方式，永远处于市场的前端
	把握机遇	机遇稍纵即逝，并且常常伴随着挑战，只有目光敏锐、勇敢果决者，才能在机遇来临时当机立断，以破釜沉舟的精神抓住它
	团队合作	成功的创业者往往不会单打独斗，而会组建一个团队，作为团队的一员，始终保持高涨的士气和积极的工作主动性，具备大局意识、协作精神，团队成员间互补互助以达到最大工作效率
	学习能力	通过不断的学习，可以不断提升个人能力，可以使企业的资源融会贯通、弃旧换新，以勃勃的生机面对变幻无常的市场竞争
	财务状况	创办和经营企业需要投入一定的资金，如果创业者有能力负担这样的投入且不影响正常生活，那么创业之路就会走得更加平稳

任务练习

1. 请分析故事中人物成功的原因及获得的启示。

再试一次

一天，一个年轻人到某科技公司应聘，而该公司并没有刊登过招聘广告。总经理疑惑不解，年轻人用不太娴熟的英语解释说自己是碰巧路过这里，就贸然进来了。总经理感觉很新鲜，破例让他一试。面试的结果出人意料，年轻人的表现非常糟糕。他对总经理的解释是自己事先没有准备，总经理以为他不过是找个托词，就随口应道：“等你准备好了再来试吧。”

一周后，这个年轻人再次走进公司大门，这次他依然没有成功。但比起第一次，他这次的表现要好得多。而总经理给他的回答仍然同上次一样：“等你准备好了再来试吧。”就这样，这个年轻人先后 5 次踏进公司大门，最终被公司录用，成为公司的重点培养对象。

永远的坐票

小李经常出差，但总买不到有座位的车票。可是无论长途、短途，无论车上多挤，他总能找到座位。

他的办法其实很简单，就是耐心地从一节车厢到另外一节车厢找过去。这个办法听上去似乎并不高明，但却很管用。每次，他都做好了从第一节车厢走到最后一节车厢的准备，可是每次他都用不着走到最后就会发现空位。他说，这是因为像他这样锲而不舍找座位的乘客实在不多。经常是在他落座的车厢里尚余若干座位，而在其他车厢的过道和车厢接头处却人满为患。

2. 请分析故事中的龙虾有什么特质及获得的启示。

跨越自己

一天，龙虾与寄居蟹在深海中相遇，寄居蟹看见龙虾正把自己的硬壳蜕掉，露出娇嫩的身躯。寄居蟹非常紧张地说：“龙虾，你怎么可以把唯一保护自己身躯的硬壳也放弃呢？难道你不怕大鱼一口把你吃掉吗？”

龙虾气定神闲地回答：“谢谢你的关心，但是你不了解，我们龙虾每次成长，都必须先蜕掉旧壳，才能生长出更坚固的新壳，现在面对危险，只是为了将来发展得更好而做准备。”

推荐书单

1.《环球人物》杂志社. 创业大咖：创新改变世界［M］. 北京：九州出版社，2017.

2. 陆新之. 创业与创新［M］. 成都：西南财经大学出版社，2017.

3. 曹莲霞，赖光宝. 创新创业能力培养与训练：中职版［M］. 保定：河北大学出版社，2017.

4. 林诚光，陈建行. 创业情商：决定你创业成功的 8 种关键能力［M］. 北京：中信出版社，2018.

5. 丹尼尔·平克. 全新思维：决胜未来的 6 大能力［M］. 高芳，译. 杭州：浙江人民出版社，2013.

项目2

评估创业创新能力

项目综述

本项目要求学习者能够运用工具评估和分析自己的创业创新能力，并能够结合自身的不足，制订相应的能力提升计划，提升自己的创业创新能力。

项目流程

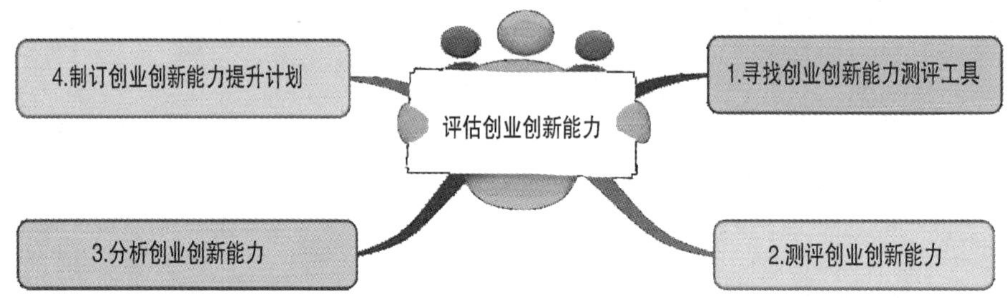

项目任务

任务　评估创业创新能力

任务　评估创业创新能力

任务描述

令万东意想不到的是，通过寻找创业创新人物及分析他们的素质和能力，有如此大的收获，风险、决策、创新、经营……这些既熟悉又陌生的词汇不停地在他的脑海中打转，创业创新“大咖”们的经历深深地吸引着他。万东深知，要创业，首先要“知己”，于是在专家的建议下，他利用“创业创新能力测评表”这把尺子对自己进行测评，分析自己在创业创新方面到底有“几斤几两”。

任务目标

1. 能够使用创业创新能力测评工具进行自我测评。
2. 能够评估自己的创业创新能力。

任务实施

一、寻找创业创新能力测评工具并进行自我测评

为更好地分析、科学地评估自己的创业创新能力，万东向有创业经验的朋友进行咨询，朋友告诉他，创业创新能力测评表或测评软件有许多，每种测评侧重点会有所不同，建议他到网上查找测评表或在专业的创业创新能力测评网站上进行测评，也可向创业导师或创业辅导专家等专业人士进行咨询，请他们帮忙进行创业创新能力测评。一位成功创业的朋友将自己当初用的创业创新能力测评表介绍给万东，见表 2-1。

表 2-1　　创业创新能力测评表

请认真阅读，根据你的实际情况做出选择。选择时，不要考虑太多，每道题以你的经验及第一印象为准。

序号	项目	内容	符合	不符合
1	动机	在决定创业时，还没有一份好工作		
		喜欢做一些具有挑战性的工作，从干过的每一份工作中都学到了一些知识，发现做有挑战性的工作很有乐趣		
		坚信创业成功与否更多取决于自己的努力，想趁年轻开创自己的事业		
2	技能	工作中能很快熟悉业务相关知识和技能		
		能够把不利的事情转化为机会		
		当储蓄到一定数额的资金时，能想出好的理财计划，而不是让金钱“沉睡”在银行		
		喜欢和人打交道，喜欢在电话中与陌生人交谈		
		遇到困难时，会尽全力去克服困难，将困难视作挑战		
3	毅力	曾经为了某个理想而设下两年以上的长期计划，并且按计划进行直到完成		
		能在没有他人督促的情况下主动完成自己的工作		
		失败时能够处理问题，并回到积极的状态中		
		可以为了赚钱牺牲个人娱乐		
		对自己要完成的工作有足够的责任感		
		知道如何控制自己的生活，做到自律		
4	决策	你的朋友经常寻求你的指导和建议		
		需要做出决定时，能尽快决定做什么、怎么做		
		真正相信某人某事时能够不被别人的看法所左右		
5	风险	当要完成一项重要工作时，总给自己足够的时间仔细完成，绝不草率		
		做决定之前会认真思考并考虑所有可能存在的问题，想好解决方法		
6	创新	脑子里总能涌现一些新的想法，即使在游玩时也常能产生新的设想		
		工作中发现自己工作方式不当时，会想出适当的方式予以改进		
		经常思考事情的不同于原来的解决方法		
		遇到问题时能从多个角度、多个方面探索解决，而不是固定在一种思路上或局限在某个方面		
		有丰富的想象力，并知道如何表达自己的想法		
7	诚信	日常生活中关心别人的需要并热衷于为大家服务		
		工作时有足够的耐心和毅力		
		能专心致志做事、观察事物和听别人说话		
8	团队合作	比较擅长组织工作		
		当工作需要别人帮助时，总能说服别人来帮助自己		
		交往的朋友中有较多有成就、有智慧、有眼光、有远见的人物		

汇总表中各项得分："符合"计 2 分，"不符合"计 0 分。测评结果分析如下：

15 分以下：你的能力与创业者相差甚远。

16~30 分：在别人的指导下，创业才会有成功的机会。

31~40 分：适合创业，但必须在所有"符合"的项目中分析出自己的问题并加以纠正。

41~50 分：非常适合创业，你的能力足以使你能够从小事业开始，积累经验，不断进步，最终成为成功的创业者。

51~60 分：有无限潜能，只要把握机会，就可能成为未来的"商业巨子"。

万东对照创业创新能力测评表的内容逐项分析，最后得分是 36 分。测评结果显示他具有创业潜质，但还存在许多不足。万东针对各项目测评结果进行了数据统计，如图 2-1 所示。

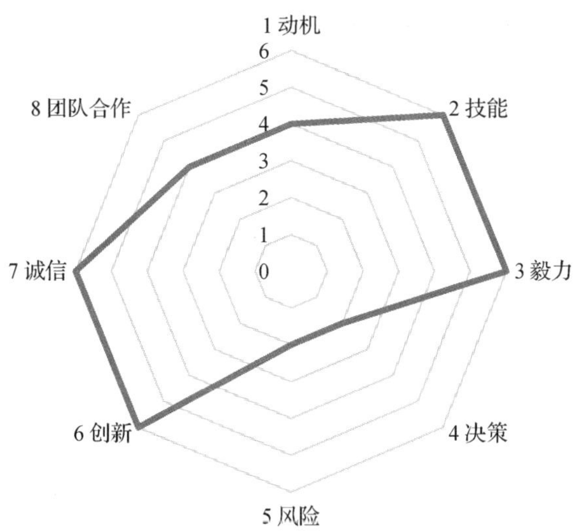

图 2-1　创业创新能力测评结果雷达图

二、分析创业创新能力

万东对照创业创新能力测评的项目内容逐项分析自己的优势和短板，整理出创业创新能力分析表，见表 2-2。

三、制订创业创新能力提升计划

通过自我剖析，万东对自己创业创新能力有了全面的认识。他发觉自己在创业创新能力方面还存在不少短板，对于这些短板，他一直在考虑是否有弥补的机会，怎样才能补齐这些短板。

表 2-2　　创业创新能力分析表

优势	短板
1. 喜欢做有挑战性的工作，想要开创自己的事业 2. 有极强的心理承受能力，有承受失败的勇气，有责任感和担当，有足够的耐心和毅力，能坚持不懈，能为企业经营放弃休息 3. 有明确的发展方向和奋斗目标，能坚决做到诚实守信、公平买卖 4. 了解小企业的管理和运营，具有经济管理知识，掌握基本成本核算技能，有市场营销策划能力和一定的团队组织能力，具备较强创新意识 5. 有较强的学习动力，具备积极的学习意识和学习意愿，能够在工作中不断加强学习 6. 家庭能给予相应的资金支持	1. 创业自信心不够强，遇到失败时容易泄气 2. 对风险认识不够，对风险的控制能力弱，抵抗风险能力不强 3. 社会经验不足，目光敏锐度不够，决策时往往会犹豫不决 4. 对市场了解和分析不到位，经营渠道和信息不畅通 5. 创新能力、团队合作能力方面均需要加强 6. 资金不雄厚

于是，万东向学校老师和专业人士请教，寻求他们的指导和帮助。结合老师和专业人士的建议，他制订出了自己的创业创新能力提升计划，见表 2-3。

表 2-3　　创业创新能力提升计划

短板	提升计划
1. 创业自信心不够强，遇到失败时容易泄气 2. 对风险认识不够，对风险的控制能力弱，抵抗风险能力不强 3. 社会经验不足，目光敏锐度不够，决策时往往会犹豫不决 4. 对市场了解和分析不到位，经营渠道和信息不畅通 5. 创新能力、团队合作能力方面均需要加强 6. 资金不雄厚	1. 利用业余时间参加培训班、讲座、研讨会或加入学习群，加强市场营销、财务管理知识等的学习 2. 积极参加社会实践，开拓视野，了解市场的发展方向 3. 向有经验的专家请教市场预测和成本控制等方面的经验 4. 吸引一些熟悉行业的志同道合的专业人员加入创业团队 5. 寻找志同道合的合伙人 6. 经常阅读相关书籍，多与有经验的商务人士交谈，向他们学习

在此基础上，专家还建议他多了解政府推出的各种创业创新优惠政策，多参加各类创业创新大赛，参加大赛是非常好的学习和观摩机会，不管有没有拿到名次，都会对自己的创业创新活动有很大的帮助。

知识链接

一、常用测评工具

这里主要介绍霍兰德职业量表。

美国著名职业生涯指导专家约翰·霍兰德（John Holland）提出了人格—职业匹配理论。他认为，在现实中存在着与人格类型相对应的职业环境，同一类型的人与同一类型的职业互相结合，才能达到适应状态，如果一个人所从事的职业与其人格类型是匹配的，则他工作起来就轻松愉快、得心应手、富有成就感；反之则会感到不适应、工作开展困难重重，给个人的发展和团队合作造成影响。

霍兰德认为，人格可以分为六种类型，分别为现实型（R）、探索型（I）、艺术型（A）、社会型（S）、事业或经营型（E）和传统或事务型（C）。大多数人都属于六种人格类型中的一种或属于两种以上人格类型的不同组合，而某种人格类型（或类型组合）的个体在从事与之相对应的职业类型（或类型组合）的职业时最能满足其职业需要，也能够充分表现职业兴趣，发挥职业能力。

霍兰德职业量表基于人格—职业匹配理论编制，可以帮助被测试者发现和确定自己的职业兴趣和能力专长，从而科学地做出求职择业的决策。霍兰德职业量表的内容包括 7 个部分，本教材不作详述，学习者可参考有关资料进一步学习。

二、创业创新教育

创业创新教育以培养具有创业基本素质和开创型个性的人才为目标，其不仅仅培育在校学生的创新意识、创业精神、创业创新能力，而且面向全社会，针对那些打算创业、已经创业或成功创业的群体，分阶段、分层次地进行创新思维培养和创业能力锻炼。创业创新教育本质上是一种实用教育，具有创新性、创造性、实践性等特性。

创业创新教育包括以下内容。

1. 意识培养

启蒙受教育者的创新意识和创业精神，使受教育者了解创新型人才的素质要求，了解创业的概念、要素与特征等，使受教育者掌握开展创业活动所需要的基本知识。

2. 能力提升

解析并培养受教育者的批判性思维、洞察力、决策力、组织协调能力与领导力等，使受教育者具备必要的创业创新能力。

3. 环境认知

引导受教育者认知当前企业及行业环境，了解创业风险，把握创业机会，掌握商业模式开发的过程、设计策略及技巧等。

4. 实践模拟

鼓励受教育者通过撰写创业计划书、开展模拟实践活动等，体验创业准备的各个环节，包括创业市场评估、创业融资、创业团队组建与风险管理等。

三、案例分析

张强创业创新能力测评分析和能力提升计划

张强从小喜欢动手操作，爱思考，大学报读了计算机科学技术专业。课余时间，他常跟着学校计算机房的老师学习计算机安装、调试和维护技术，平时也帮同学安装和维护计算机，是同学心目中的“计算机专家”。眼看就要大学毕业了，张强很想结合自己的专业和技能特长，在学校附近创办一家计算机维修店，但父母认为刚毕业就创业风险很大，建议他先找一份稳定的工作，积累一定的经验后再创业。但张强的同学对他的创业想法非常支持，有的愿意和他一起创业，有的表示可以帮忙在学校进行宣传。张强向老师讲述了自己想创业的想法，老师建议他先进行创业创新能力测评，对自己进行全面的分析。如果真要创业，老师还可以帮助他向学校的创业孵化基地申请，争取学校的支持。

于是，张强到图书馆寻找与创业创新能力测评相关的资料，他找到了一份测评表，见表 2-4，并根据测评表要求，进行了认真填写。

表 2-4　　创业创新能力测评表

请认真阅读，根据你的实际情况做出判断。不要考虑太多，每道题以你的经验及第一印象为准。

序号	内容		是	否
1	动机	你是否曾经为了某个理想而制订两年以上的长期计划，并且坚持执行计划直到理想实现		
2		你是否可以为了企业发展而牺牲个人娱乐		
3		你是否总独自挑起担子，彻底了解工作目标并认真完成工作		
4	技能	你是否有保存重要资料，并且对其井井有条地进行整理，以备需要时可以随时提取查阅的习惯		
5		你自认是一个理财高手吗		
6	毅力	你是否喜欢独自完成自己的工作，并且做得很好		
7		你是否能够专注地投入自己感兴趣的活动连续 10 小时以上		
8		你是否有能力安排一个恰当的环境，使自己能不受干扰地专心工作		
9		在工作时，你是否有足够的耐心与毅力		
10	决策	需要别人帮助时，你是否能充满自信地提出要求，说服别人来帮助你		
11		要完成一项重要工作时，你是否总能合理分配时间仔细完成，而绝不会在一开始让时间虚度，临到“死线”才匆忙完成		
12	风险	读书期间，你有没有赚钱的经验		
13		你喜欢在竞争中生存吗		

续表

序号		内容	是	否
14	创新	为别人工作时，若发现其管理方式不当，你是否会想出适当的管理方式并建议其改进		
15		你是否喜欢音乐、艺术、体育以及各种活动课程		
16	诚信	在学校和家庭生活中，你是否不依靠父母及师长的督促，就可以自觉地完成分派的工作		
17		你在进行募捐或义卖等公众活动时，是否能充满自信		
18		参加聚会时，你是否能准时赴约		
19		你交往的朋友中，是否有许多有成就、有智慧、有眼光、有远见、老成稳重的人物		
20	团队合作	当你与朋友在一起时，你的朋友是否经常寻求你的指导和建议		
21		生活中，你是否关心别人的需要，热衷于社会服务工作		
22		读节期间，你是否曾经带动同学，完成一项由你领导的大型活动，如运动会、歌唱比赛等		
23		你在工作或学习团体中被认为是受欢迎的人物吗		
24		在新的社交环境中，你是否能在短时间内结交许多朋友		

汇总表中各项得分："是"计 1 分，"否"计 0 分。测评结果分析见表 2-5。

表 2-5　　测评结果分析表

分值	结果
0~5 分	目前不适合创业，应当训练自己为别人工作，并学习专业知识和技术
6~10 分	在他人指导下创业，才有创业成功的机会
11~15 分	非常适合创业，但是必须从选择"否"的项目中分析出自己的问题并加以纠正
16~20 分	个性中具有成功创业者的特质，足以使你能够从小事业开始，积累经验，不断进步，最终成为成功的创业者
21~24 分	有无限的创业潜力，只要懂得把握时机，就可能成为未来的"商业巨子"

通过测评，张强的创业创新能力得了 12 分。这说明，他是非常适合创业的，但在一些创业创新能力上还存在不足。张强结合动机、技能、毅力、决策、风险、创新、诚信、团队合作等创业创新能力内容，分析了创业创新能力测评结果，如图 2-2 所示。

张强结合创业创新能力分析情况，制订出一份创业创新能力提升计划，见表 2-6。

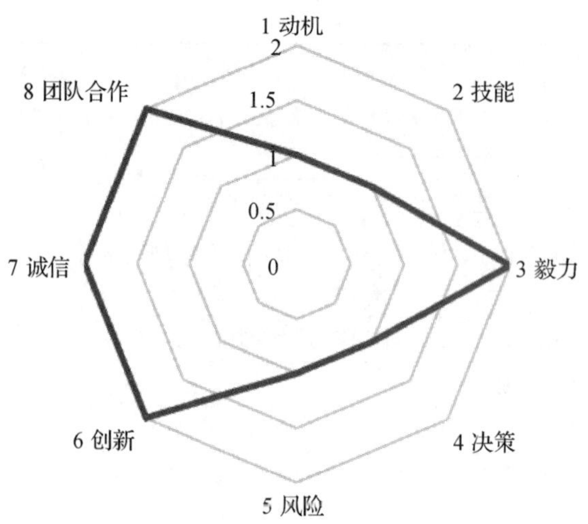

图 2-2 创业创新能力测评结果雷达图

表 2-6 创业创新能力提升计划表

优势	不足	提升计划
1. 学习计算机科学技术专业，熟练掌握计算机安装、调试和维护技术 2. 具备计算机网络维护和调试能力 3. 具备计算软件基本操作能力 4. 动手能力强	1. 计算机网络安装、调试经验较少 2. 欠缺数据库编程、设计软件应用经验和能力	1. 继续学习计算机软件和硬件方面专业知识 2. 加强数据库编程相关专业技能学习 3. 参加学校计算机网络搭建、设置、调试和维护，增强大型计算机网络建设和维护的经验和能力 4. 参与学校组织的计算机方面的论坛、竞赛等交流活动，提升专业能力

通过分析创业创新能力和制订创业创新能力提升计划，张强对自己的优势和不足有了更清晰的认识，他决定立即针对不足开展提升学习，并对毕业后创业充满信心。

任务练习

1. 请阅读以下材料，回答相应问题。

曾艳的创业梦想

曾艳，性格活泼、开朗，爱旅游，会计专业毕业后在广州、中山等地的企业从事了 3 年会计工作。最近她辞职到亲戚开的水果坊帮忙，负责销售和店面管理。开朗、热情的曾艳很喜欢这份新工作，很快就适应了新的工作角色。水果坊的生意特别好，曾艳每天都忙得不亦乐乎，渐渐地，她想自己也开一家水果坊，但她不知自己是否具备创业的能力和条件。

请你结合曾艳的情况对其进行创业创新能力测评，根据创业创新能力测评结果，分析她在创业创新能力上有哪些优势和不足，并帮她制订出创业创新能力提升计划。

2. 测评训练。

（1）创业创新能力测评：请结合你的实际情况填写表 2–7。不要考虑太多，每道题以自己的经验及第一印象为准。

表 2–7　　　　创业创新能力测评表

序号	内容	经常	有时	很少	从不
1	在急需做出决策的时候，你总会想“再让我考虑一下吧”				
2	你总是为自己的优柔寡断找借口				
3	你会为避免冒犯某个或某几个有相当实力的客户而有意回避一些关键性的问题甚至表现得曲意奉承				
4	无论遇到什么紧急任务，你都先处理琐碎的日常事务				
5	你只有在巨大的压力下才肯承担重任				
6	你无法预防也无力解决妨碍你完成重要任务的干扰与危机				
7	你在制订重要的行动计划时常忽视其后果				
8	当需要做出可能不得人心的决策时，你会找借口逃避				
9	你总是在快下班时才发现有要紧事没办，只好加班				
10	你会因不愿意承担艰苦任务而寻找各种借口				
11	你常对遇到的困难感到猝不及防，并找不到办法解决				
12	你总是拐弯抹角地宣布可能得罪他人的决定				
13	你喜欢让别人替你做自己不愿做的事				

汇总表中各项得分：“经常”计 4 分，“有时”计 3 分，“很少”计 2 分，“从不”计 1 分。测评结果分析如下：

50 分及以上：你的个人素质与创业者相差甚远。

40~49 分：你不算勤勉，应彻底改变拖沓、效率低的缺点，否则创业只是一句空话。

30~39 分：你在大多数情况下充满自信，但有时会犹豫，这是成熟、稳重和深思熟虑的表现。

29 分及以下：恭喜你！你是一个高效率的决策者和管理者，很有可能成为一位成功的创业者。

（2）创新思维能力测评：请结合你的实际情况填写表 2–8。不要考虑太多，每道题以自己的经验及第一印象为准。

表 2-8　　创新思维能力测评表

序号	内容	符合	拿不准	不符合
1	你认为那些作家使用古怪和生僻词语纯粹是为了炫耀			
2	无论什么事物，要让你产生兴趣总比让别人产生兴趣困难得多			
3	你不看好那些经常做没把握事情的人			
4	你常常用直觉来判断问题的正确与错误			
5	你善于分析问题，但不擅长对分析结果进行综合、提炼			
6	你审美能力较强			
7	你的兴趣在于不断提出新的建议，而不在于说服别人去接受这些建议			
8	你喜欢那些一门心思埋头苦干的人			
9	你不喜欢提那些可能让自己显得无知的问题			
10	你做事总是有的放矢，不盲目行事			

汇总表中各项得分："符合"计 2 分，"拿不准"计 0 分，"不符合"计 1 分。测评结果分析如下：

19 分及以上：你有较强的创新思维能力，适合从事环境较为自由、没有太多约束、对创新性要求较高的职业。

11~18 分：你善于在创造性与习惯做法之间找出平衡点，具有一定的创新意识，适合从事管理工作，也适合从事其他与人打交道的工作。

10 分及以下：你缺乏创新思维能力，属于循规蹈矩的人，做人总是有板有眼、一丝不苟，适合从事对纪律性要求较高的职业。

（3）创业者自我评估：请在下列内容中选择符合或接近你的情况的描述，填写表 2-9。

表 2-9　　创业者自我评估表

序号	内容	A	B	C
1	A. 不用别人告诉我，我自己就会独立完成应做的事情 B. 如果有人让我开始做，我就会努力将事情完成 C. 尽管事情做起来很简单，但是除非是我必须要做的，否则我不会做			
2	A. 我喜欢与人交往，愿意与任何人进行沟通 B. 我有很多朋友，但我不想认识很多无关的人 C. 我觉得与人交往是件麻烦的事			
3	A. 开始做事的时候，我会让很多人和我一起做 B. 如果有人告诉我必须做，我会命令别人去做 C. 我会让其他人去做，如果我喜欢，我会和他们一起去做			

续表

序号	内容	A	B	C
4	A. 我愿意负责 B. 如果指名我去负责，我会负责的，但是我宁愿让别人去负责 C. 周围总有人愿意显示他们的聪明，就让他们去负责吧			
5	A. 我喜欢在开始做事前制订一份计划，我是一个经常将事情安排得井然有序的人 B. 我会做好大多数事情，但如果太困难，我就会放弃 C. 如果有人安排和处理整个事情，那么我更愿意随遇而安			
6	A. 只要需要，我就会坚持工作，我不会介意为想做的事而努力工作 B. 我会努力工作一段时间，但当我觉得做够的时候，我就不会做了 C. 我不会为了有点成就就去努力工作的			
7	A. 我能很快做出决定，并且大多数决定都是对的 B. 如果我有足够多的时间，我就能够做出决定。但是，如果仓促做出决定，我之后经常会改变主意 C. 我不喜欢做决定，因为我经常做出错误的决定			
8	A. 人们相信我说的，因为我从不说谎话 B. 我大多数的时间里都讲真话，但有些时候却做不到 C. 如果人们不知道事情的真伪，我为什么要讲真话呢			
9	A. 如果我决心做什么事情，那么任何情况都不能阻止我完成它 B. 如果不犯什么错误，我通常会完成我的事情 C. 如果事情进展不顺利，我就会放弃，何必为此烦恼呢			
10	A. 我的健康状况非常好，总是精力充沛 B. 我有足够的精力去做我想做的事情 C. 我总是感到力不从心			

评估结果分析如下：

大多数是 A：你是个称职的创业者。

大多数是 B：你去经营企业时可能会遇到很多困难，建议你在创业时寻找一些能够弥补你劣势的合作者。

大多数是 C：你可能不适合现在就去创业。你可以在一家企业里工作或做其他你更感兴趣的工作。如果你希望创业，那么就要努力锻炼创业者所必需的能力。

推荐书单

1. 陈晓暾，陈李彬，田敏. 创新创业教育入门与实战［M］. 北京：清华大学出版社，2017.

2. 魏定俊. 创新创业素养［M］. 北京：冶金工业出版社，2017.

3. 赵志群. 职业能力测评方法手册［M］. 北京：高等教育出版社，2018.

4. 张子睿. 大学生创新创业能力提升［M］. 北京：中国林业出版社，2017.

5. 王海波，李俊，杨雪雁. 初创业者能力提升全攻略［M］. 大连：东北财经大学出版社，2015.

6. 钟宇，朱勇刚，蔡向阳. 创新创业实践能力训练［M］. 镇江：江苏大学出版社，2016.

项目3

激发创业创新思维

项目综述

创新是人类特有的认识能力和实践能力，是人类主观能动性的高级表现形式。人类社会发展的历程表明，人类社会从低级到高级、从简单到复杂、从原始到现代的进化历程就是一个不断创新的过程。任何创新活动都离不开一定的方法。换句话说，只有掌握并适当地运用创新方法，才可能获得迅捷、有效的创新成果。

本项目阐述了人们在生活中和工作中经常会应用到的多种创新方法，学习者通过了解这些创新方法并进行一些相关训练，可以锻炼思维的变通性，拓展创新能力，为下一步创新实践奠定一定的基础。

项目流程

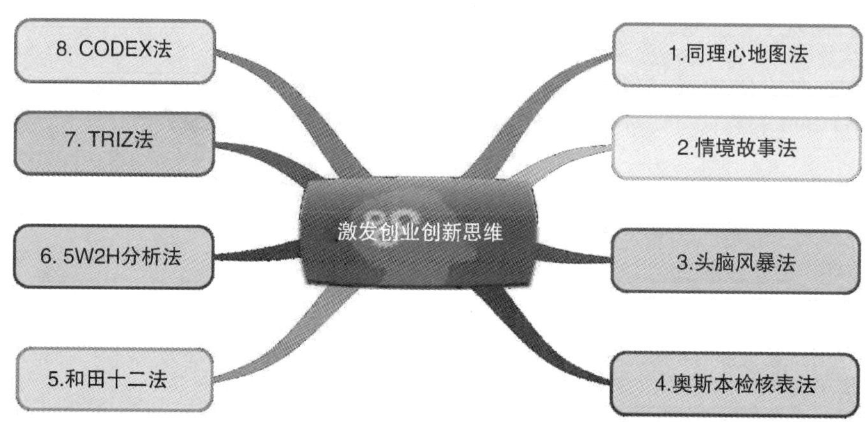

项目任务

任务 1　同理心地图法
任务 2　情境故事法
任务 3　头脑风暴法
任务 4　奥斯本检核表法
任务 5　和田十二法
任务 6　5W2H 分析法
任务 7　TRIZ 法
任务 8　CODEX 法

任务1　同理心地图法

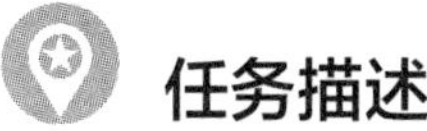

任务描述

张健、李群和范伟是万东的校友，张健学的是国贸专业，李群学的是设计专业，范伟学的是电子商务专业，四人经常聚在一起，无话不谈。万东创业的想法得到3位好友的认可和支持，于是他们组建了一个创业创新团队。团队建设初期他们经常开会，但普遍效率不高，经过商讨，他们决定尝试使用同理心地图法来提高会议效率。

任务目标

1. 熟悉同理心地图的使用流程。
2. 能使用同理心地图法开发新产品或者新服务。

任务实施

同理心（empathy）也称“设身处地理解”“感情移入”“共感”“共情”，由被誉为“人本主义心理学之父”的卡尔·兰塞姆·罗杰斯提出，指的是一种能深入他人主观世界，了解他人感受的能力。

同理心地图的使用流程包括以下四步。

一、换位代入

选定目标听众群体，并描述其特征，如年龄、学历、文化背景等，接着想象目标听众群体处在一种情境中，这种情境与发言者要发言的主题相关。

例如，想象会议正在召开，现场除了自己，还有会议主持人与其他参会者。发言者将自己代入这样的情境中，有利于换位思考。

二、视觉呈现

在画布上画下同理心地图的六个区块，如图 3-1 所示。

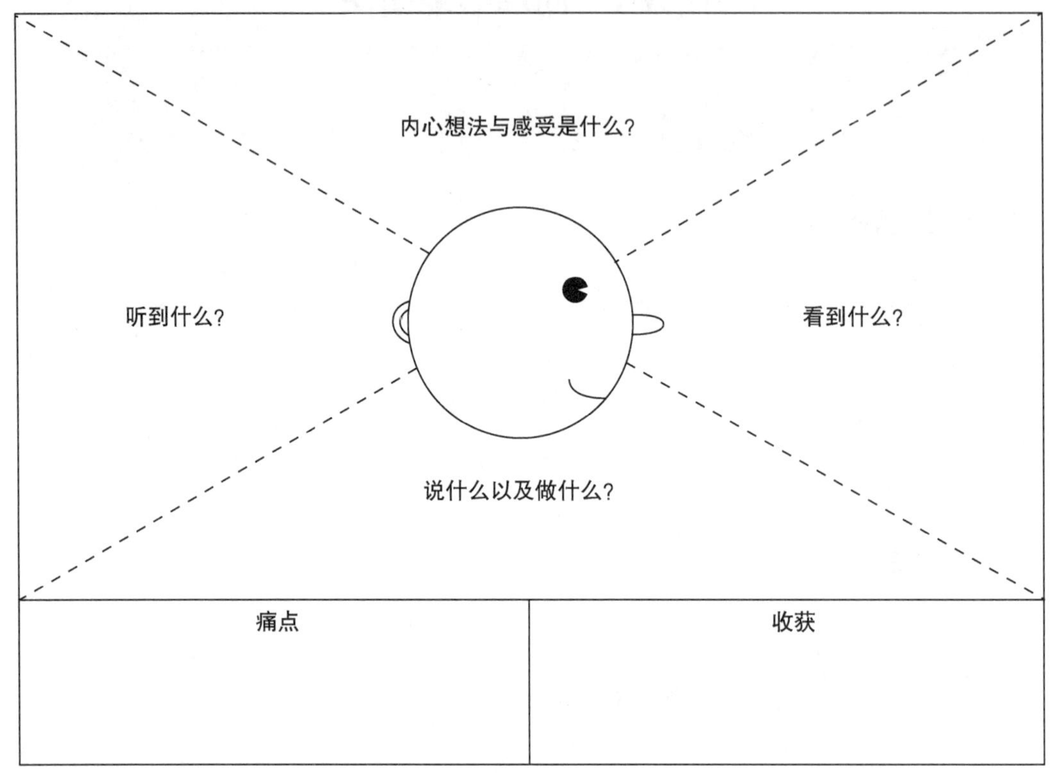

图 3-1　同理心地图

接下来的重点是要同理目标听众群体回答以下四项问题，针对每项问题在便利贴上写下个人想法（想法越多越好，但建议每张便利贴上只写一种想法），写好后将便利贴贴在相应区块内。

问题 1：看到什么？

叙述情境中目标听众看到的人、事物与环境。

例如，冗长而缺乏重点的会议议程表，会议主持人手上拿的厚厚的数据文件，会议演示文稿中呈现的密密麻麻的文字。

问题 2：听到什么？

叙述情境中哪些声音会影响目标听众，是人的言语，还是环境声音。

例如，会议主持人讲话缺乏重点，容易引人犯困；参会者讨论时常常离题；讨论过程中存在过多的批评与抱怨，缺乏建设性建议。

问题 3：说什么以及做什么？

想想目标听众可能会说什么以及做什么。

例如，时常玩手机；时常看手表；听到与自己无关的议题时就分心做其他事；通常沉默，不喜欢发表意见。

问题 4：内心的想法与感受是什么？

试着勾勒出目标听众的内心状态、立场或观点。

例如，觉得会议议题与自己无关，参会是迫于无奈；讨论过程中有的人发言离题时，希望其他人能够及时阻止；会议时间越短越好；希望按照议程严格把控会议时间。

如果多人同时使用同理心地图，那么每个人都可以针对其他人的想法随时提出疑问。如果在现有想法基础上又延伸出新点子，也可以随时记下来并补贴到对应的问题区块内。

三、分类确认

上一步骤中对四项问题的回答主要是对目标听众五官体验的描述，接下来移动便利贴位置对这些想法进行分类。对相似性高的想法可以简单归类到一个群组中，不需要太严谨，这只是初步整理，例如，“时常看手表”和“希望会议时间越短越好”可以被归类在同一群组。另外，在归类过程中可以留意，哪些想法出现的频率较高，它们有可能就是目标听众最关心的议题。也可以针对个别群组做讨论，例如，被归类在同一群组的想法是基于它们的哪个共同特点或基于哪一概念？基于这个特点或概念是否还能延伸出其他想法？

四、关联提炼

简单归类分群后，观察所有群组间的“相关性”与“矛盾点”，在此过程中如果有新的想法，也可以写在便利贴上并贴到相应区块内。“相关性”的背后存在着值得深入洞察的价值，“矛盾点”的背后隐藏着需要被解决的问题。最终目标是发掘目标听众群体的“期待”与“痛苦”。

针对每个群组进行“相关性”与“矛盾点”的讨论，最后整理出对于同理心地图中第五个与第六个问题的回答，即目标听众群体的痛点与收获分别是什么。

例如，看到“冗长而缺乏重点的会议议程表”与听到“会议主持人讲话缺乏重点”是有关联的，它代表目标听众群体的“痛苦”可能是“缺乏明确议题与流程”，并“期待”被解决。

1. 有什么痛苦

根据所推论的“相关性”与“矛盾点”，试着描述目标听众的恐惧、挫折与阻碍。

例如，工作时常被冗长无效的会议给耽误，会议缺乏明确议题与流程，参会者的讨论内容离题，会议后没有决议也无法追踪。

2. 想获得什么

根据所推论的“相关性”与“矛盾点”，试着描述目标听众真正的需要，以及成功的标准和达成目标的策略。

例如，清晰明快的会议流程，评估会议效率的工具，公正且有决断力的会议主持人，清楚决议结果与后续追踪。

通过同理心地图的发散、整理与归纳，当听众感受到讲者同理自己的痛苦与收获，并针对自己的痛苦与收获而改变，讲得更好、更有效率或是更能刺激不同的思考时，相信会议的效率将会有很大的提升。

知识链接

一、同理心地图法的优点

1. 简单换位

同理心地图法的应用规则相对简单，只要搭配简单的工具，如笔、便利贴、海报纸就可以完成，所有同理的想法就可以被归纳整合，这种简单换位（见图 3-2），可以通过目标族群的经验来了解世界，并通过他们的情感来感受世界。

2. 全面思考

过去我们常思考目标族群的特质，从而产生出各种想法，但想法稍纵即逝难以保留，此外，思考的角度也会受限。同理心地图以可视化的方式呈现六大问题，让我们可以同时站在不同的角度进行思考，能够更全面地掌握目标族群的特质，如图 3-3 所示。

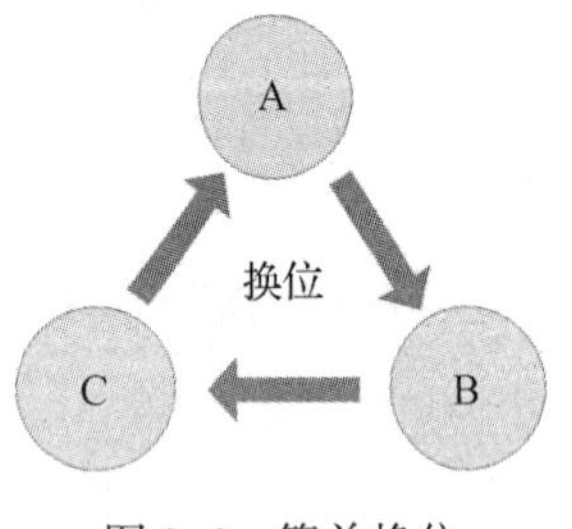

图 3-2　简单换位

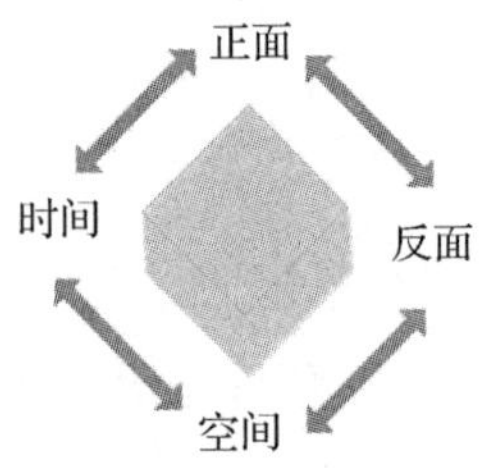

图 3-3　全面思考

3. 深入洞察

利用同理心地图法，我们可以对目标族群的信息进行归纳与关联。“相关性”与“矛盾点”都是洞察后发掘出来的深层价值，如图 3-4 所示。演示汇报能否打动人心，在于演讲者对于听众内心状态的掌握程度，清楚掌握听众的痛苦与收获，那么目标主题的方向就不至于偏离。

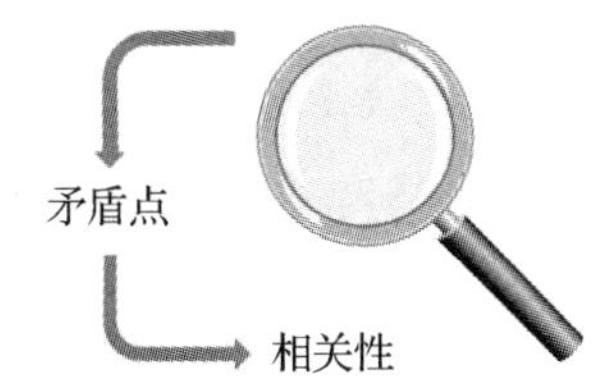

图 3-4　“相关性”与“矛盾点”

二、同理心地图法应用案例

1. 观察准备期中考试的学生们

使用同理心地图法观察准备期中考试的学生们，所获得的同理心地图如图 3-5 所示。

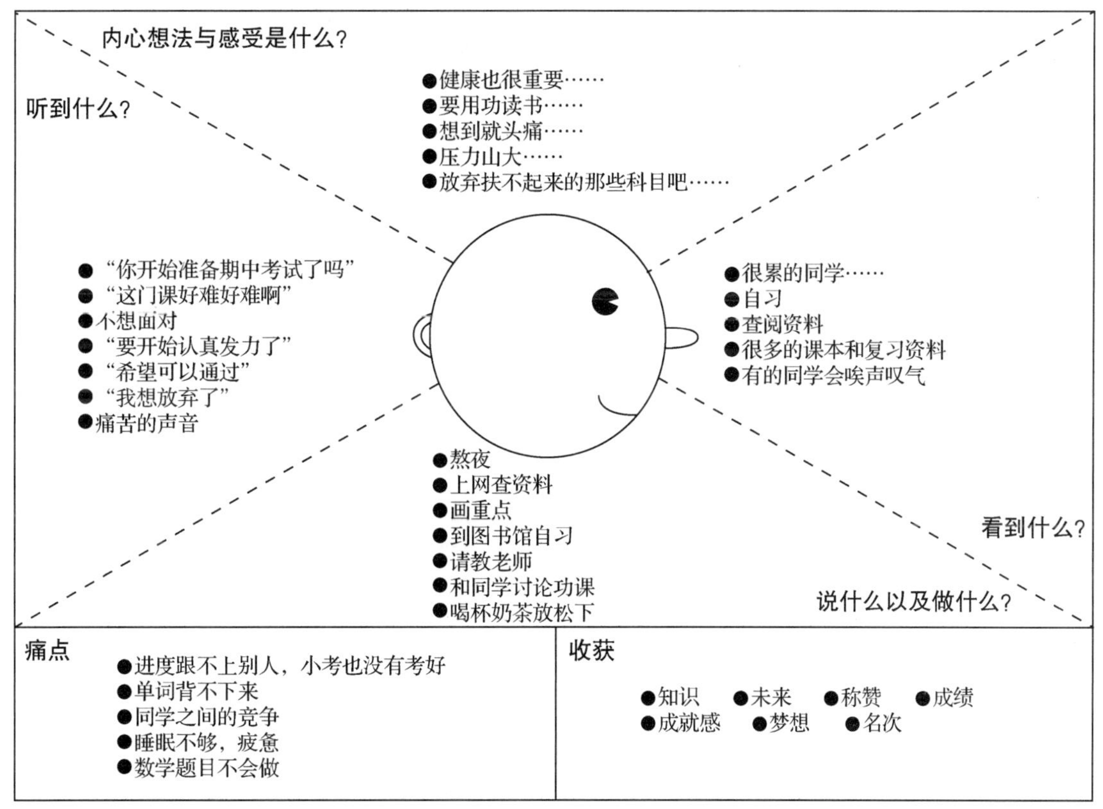

图 3-5　同理心地图法应用案例 1

2. 观察校园学生服务大厅的服务情况

使用同理心地图法观察校园学生服务大厅的服务情况，所获得的同理心地图如图 3-6 所示。

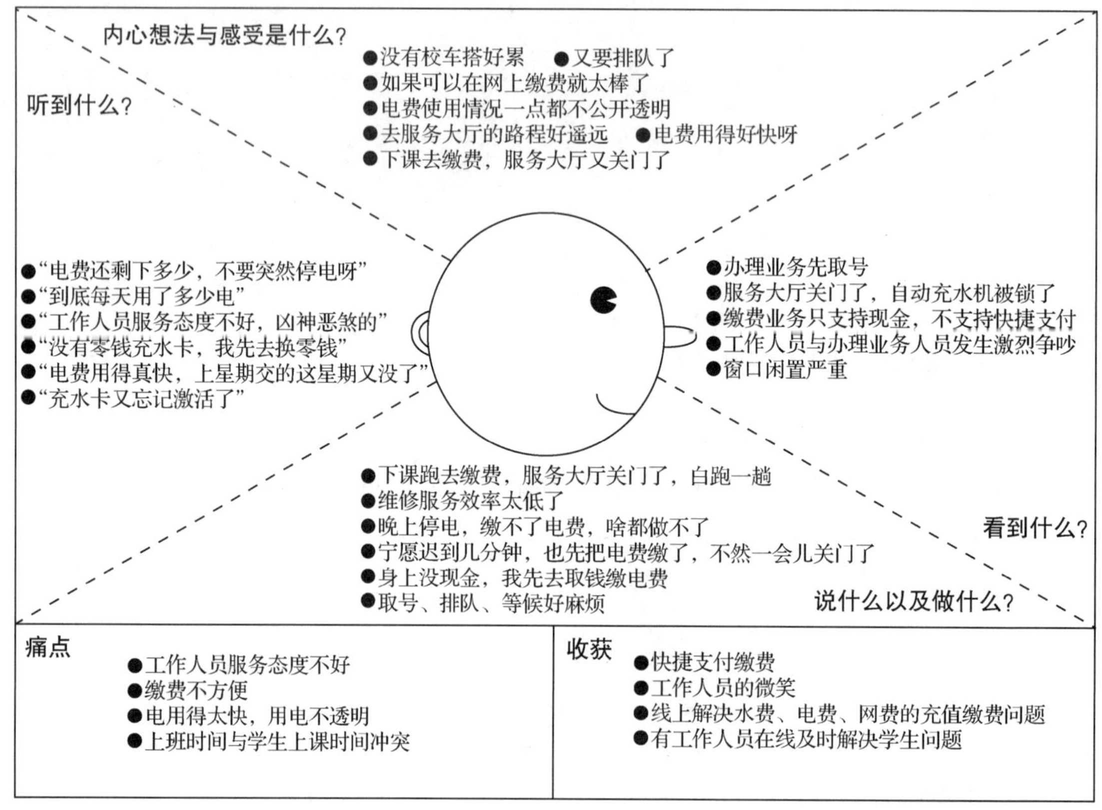

图 3-6 同理心地图法应用案例 2

任务练习

试着使用同理心地图法观察在医院做 CT 检查的儿童，尽可能将如图 3-7 所示的同理心地图填写完整。

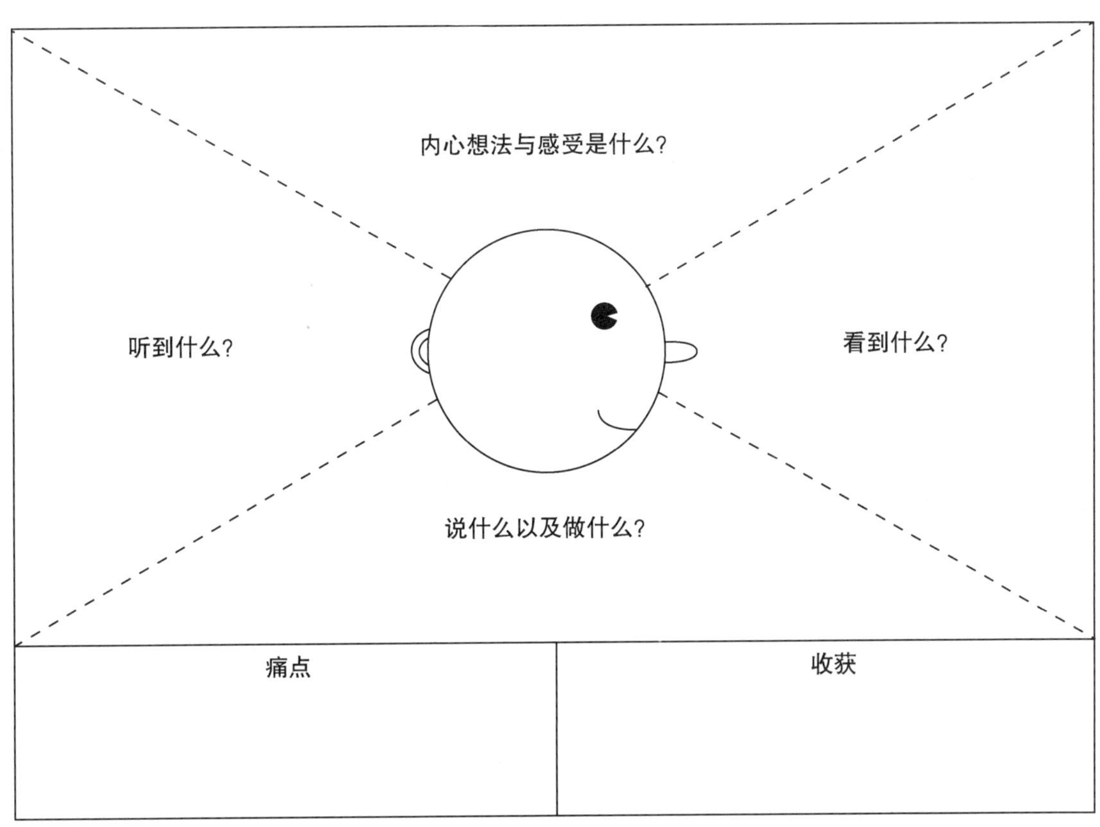

图 3-7　同理心地图

推荐书单

陈工孟. 创新思维训练与创造力开发［M］. 北京：经济管理出版社，2016.

任务 2　情境故事法

任务描述

万东在学校学习阶段参加过一些创业创新比赛，有一些创新项目设计和路演方面的经验，他深知，创意的产生以及洞察用户的需求对于设计创新项目来说非常重要，几乎决定着整个项目的生命力。万东查阅了很多资料，发现利用情境故事法能把创新设计作品的“情”与“境”结合在一起，有利于深入挖掘创新设计作品的创意及用户需求。万东创业创新团队协商决定以商务笔记本电脑的开发设计为例，深入学习情境故事法，以便于后续研发制作创新设计作品。

任务目标

1. 能讲出情境故事法的设计流程。
2. 能使用情境故事法进行创新设计。

任务实施

设计产品前首先要确定产品的方向与价值。情境故事法，简单来说就是创设故事情境，即创设一位典型用户的活动场景或故事，简要说明产品的某项功能缺失会使用户的体验活动变得不方便或不满意。需要注意的是，最初的故事场景分析不需要很详细，只需要说明谁是产品的目标用户，他们有什么需求，为什么有这种需求，当前这种情况下他们是怎么做这件事情的，又遇到了哪些不方便或困难，新的产品或产品功能如何改变了用户的使用习惯或生活方式等。创设故事情境的目的在于开发潜在的产品功能和需求点，以便更好地满足用户需求。

一、关注消费者洞察

洞察与观察不同，观察侧重于记录人们的言行举止，而洞察则更加深入一层，回答了

“为什么这样”。日常生活中，我们需要洞察消费者，透过现象看本质，通过消费者的行为分析其心理，挖掘“隐藏的真相”。

观察图3-8，然后回答“你看到了什么?”请用一句话精准地描述图中的场景。此时，我们最容易注意到的是这名年轻女子的穿着，她看的地方，她好像拿着什么东西，她哪只脚迈在前面；会注意到围栏和围栏旁的灌木丛、长椅、落叶；还会注意到左边的大树，光秃秃的，甚至会通过和这名年轻女子的身高对比去估算树的高度。但是，令人吃惊的是，有近一半的人看到这幅图时，没有提到背景中有一个巨大的字母“C”。

图3-8　洞察的艺术

同理，消费者表现出来的行为总有其原因，这些原因中，有些是消费者愿意和你说的，它们大多是表面的显性的原因或者是一些人尽皆知的原因，还有一些深层的隐性的原因，是消费者不会和你说的，或许是消费者不愿意说的，抑或是连消费者自己也没有意识到是这些原因在驱动其行为。而要发掘这些深层次的原因，就需要消费者洞察。

一般来说，广告公司及研究机构比较关注消费者洞察，绝大部分好的广告创意背后都有一个好的消费者洞察作为支撑，所以广告公司把获得消费者洞察视为自身竞争力的根本，而研究机构除了为客户提供数据之外，更要为客户提供具有市场远见的判断机会，因此同样需要深度挖掘获得的消费者洞察。

那么，究竟应该如何进行消费者洞察呢?除了分析权威部门或机构发布的研究数据或研究报告外，还可以通过与消费者直接、深度接触，分析获得。例如，某上市公司曾经在我国北方农村的一个农户家里租了一间房，每天都有该公司的工作人员（包括品牌经理、研究经理、总监等，每月轮换一次）与这户农民同吃、同住，还帮着农户干农活，为的就是弄清我国农村家庭的生活习惯，为公司设计的产品找到真正的价值点。再如，日本某汽车生产企业在初探美国市场失败后，同样派出了包括高层主管在内的市场销售人员与美国人家庭共同生活了半年，才得以掌握美国汽车用户的核心需求。

二、情境故事法设计流程

情境故事法就是把“人”“境”“活动”视为已知条件，把“物”当作未知目标，通过对已知情境的分析来进行“物”也就是产品的创新设计开发。在这里，“人”指的是产品使用者的特质，如人的性格、购买力等；“境”指的是影响人的环境因素，如居住空间、时间分配、社会习性、流行风尚、经济结构、工作等；“物”指的是与人发生关系的物品属性，如功能、价格、造型、重量等；“活动”指的是人与物品所发生的互动关系。在此以设计笔记本电脑的新功能为例，介绍应用情境故事法的设计流程，供参考。

1. 分析使用者的个性特征，了解其需要什么、想做什么。

设定一个真实的主角，分析其个性特征：

王某，男，30 岁，某公司区域销售经理，月收入 8 000~10 000 元，平时工作强度大，压力较大，经常出差，工作讲究实时高效，使用笔记本电脑的目的是可以随时随地了解最新的市场行情和产品销售状况，接收公司材料，方便在外出差时与公司人员交流。

2. 设计使用情境，展现在不同的时间、地点，王某与产品发生关联的分镜头。

例如，可选择如下情境：

使用情境一：王某在办公室使用笔记本电脑。

使用情境二：王某在出差途中使用笔记本电脑。

使用情境三：王某在家中使用笔记本电脑。

针对确定的使用情境撰写故事，然后找出关键议题（指一些待解决、有趣或者有挑战性的事项），发现使用者新的需求点，从而开发新产品，在此以使用情境一为例，该情境下的分镜头见表 3-1。

表 3-1 问题情境示例

分镜头序号	情境描述	需求
1	王某临时接到出差通知，赶到高铁站后，他左手拎着行李箱，右肩背着笔记本电脑包，在进入候车室查验身份时笔记本电脑包由于太重从右肩滑落到手臂上，差点掉落在地上	笔记本电脑轻便小巧，便于携带 电脑包可设计为双肩背包形式
2	在高铁站候车室候车时，王某突然想起有份重要的销售报告需要马上交给老板，于是他打开笔记本电脑，查找销售报告，却发现资料被误删，只有手上的打印稿，这时王某很着急	笔记本电脑自带备份软件，能把重要资料在备份软件上备份
3	王某看看时间，立刻依照手上的报告打印稿在笔记本电脑上重新录入了一遍，一小时后终于录入完成，匆忙发出了 E-mail	笔记本电脑上装有扫描设备，可以随时随地将文本扫描到笔记本电脑中

3. 透过不同的分镜头发现使用者在使用产品时遇到的不便，想办法解决问题，从而达到改善和创新产品的目的。

例如，想办法解决表 3-1 各分镜头中反映出的问题，把解决方案加入原来的分镜头中，得到更加完善的情境故事，见表 3-2。

表 3-2　加入解决方案后的情境示例

分镜头序号	情境描述
1	王某临时接到出差通知，赶到高铁站后，他左手拎着行李箱，肩上背着轻便小巧的双肩背笔记本电脑包，轻松地用右手拿出口袋里的高铁票通过身份查验设备，进入候车室
2	在高铁站候车室候车时，王某突然想起今天有份重要的销售报告需要马上交给老板，于是他打开笔记本电脑，查找销售报告，却发现资料被误删，只有手上的打印稿，这时他打开电脑里面的备份软件，轻松地找到了销售报告
3	为了万无一失，王某按下笔记本电脑上的“扫描”键，把报告打印稿放在电脑的扫描盘上，扫描了一份，然后通过 E-mail 发给老板。接着他打开笔记本电脑中的音乐软件，开始闭上眼睛倾听音乐

4. 提出新的设计方案，让构想在新的故事中得到验证，然后进行评估。新的故事思维改进方案如图 3-9 所示。

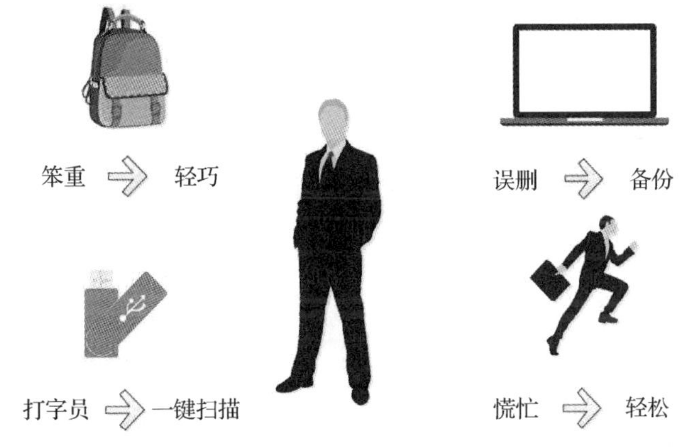

图 3-9　新的故事思维改进方案

归纳起来，情境故事法的设计流程可细化为四个步骤，如图 3-10 所示。

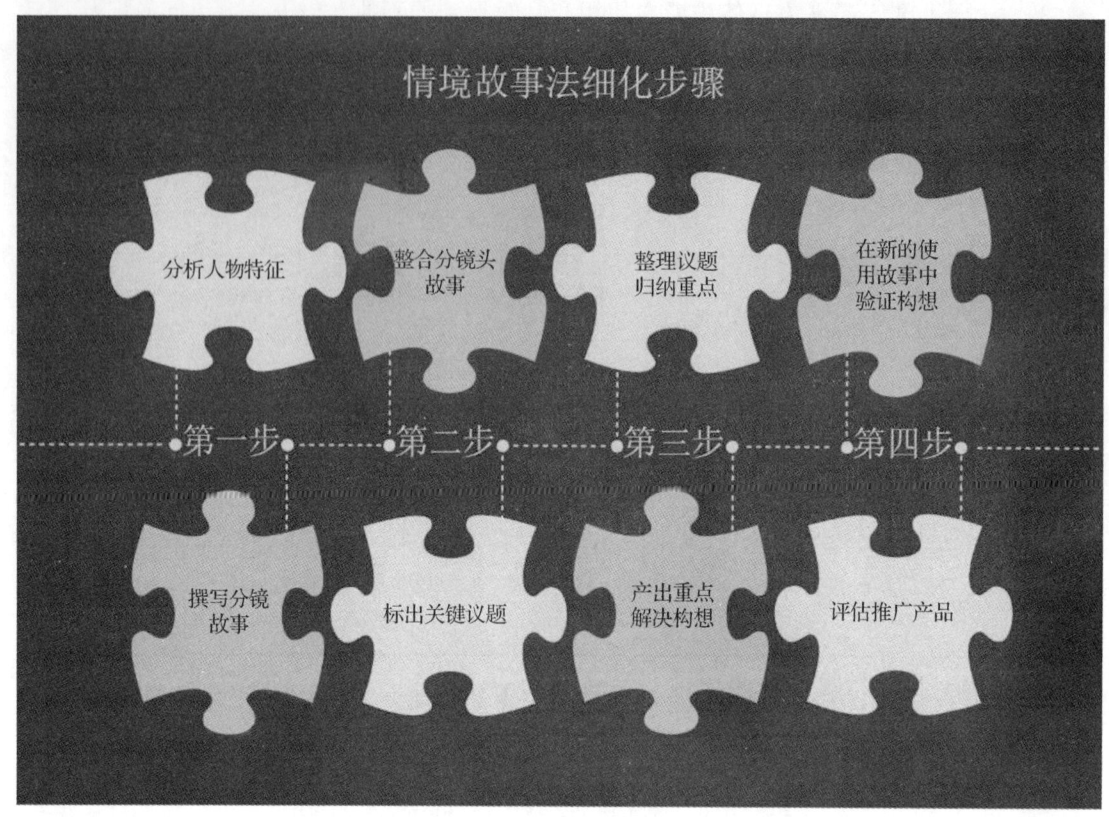

图 3-10　情境故事法 4 步设计流程

知识链接

一、情境故事法使用要点

围绕角色讲故事的目的是通过“真实的故事”来解析“合理的流程”，无论是一个高兴而积极的故事，还是一个悲伤而消极的故事都能够让我们达到这样的目的。而情境故事真正的目的实际上就是要把悲伤而消极的故事变成高兴而积极的故事，在分析过程中往往能产生意想不到的创意。

如果把设计情境比喻成拍摄电影，那么需要注意两个要点：一是立体饱满地塑造好人物，生动巧妙地讲清楚故事；二是通过故事挖掘出过程中每一个关键需求点，设计出能够满足这些需求的产品或产品功能。整个故事是一个不断开发改进产品和使产品更加人性化的过程。

二、情境故事法应用案例

开发“老年人生活伴侣”产品

1. 设定主角个性特征（见表3-3）

表3-3　设定主角个性特征示例

姓名	李爷爷
性别	男
年龄	71岁
职业	某机械厂退休工人
日常生活状况	老伴已去世，有一儿一女，和儿子、儿媳一起居住，每月有稳定的退休金，儿子工资稳定，经济状况良好。目前主要活动是在家带孙子，或者去社区老年人活动中心锻炼，每隔一段时间会去离家较远的大型超市购物
身体状况	患有心脏病和高血压，不能过于激动，记忆力和听力不好，身体其他状况良好
性格	乐观开朗，喜欢与人交流，但比较粗心
使用手机的原因	便于随时与人联系，也便于其家人随时与他联系
爱好	听京剧，钓鱼，打羽毛球，下棋

2. 撰写并整合故事分镜头，发现需求点（见表3-4）

表3-4　撰写并整合故事分镜头示例

分镜头序号	地点	情境描述	关键议题	需求
1	社区里	今天是周末，李爷爷早上在社区里散了一会儿步，做了些伸展运动，做运动时放在口袋里的手机滑落，李爷爷赶紧捡起手机，查看是否摔坏了。此时李爷爷心里想，如果把手机挂在脖子上，就不容易掉了 李爷爷突然看到社区广告栏里张贴着一张超市打折促销广告，但这家超市离家较远，李爷爷临时决定去看看，于是他掏出手机准备打电话给儿子说要等会儿回家，可按号码的时候因为按键太小，所以少按了一个号码，只好又重新按了一次	1. 手机从口袋滑落 2. 按号码的时候按键太小 3. 数字太多造成少按一个号码	1. 方便携带 2. 大按键 3. 快速键拨号

续表

分镜头序号	地点	情境描述	关键议题	需求
2	公交站台及公交车上	在公交站台等车时，李爷爷突然想起早上忘记吃降压药了，这时公交车来了，李爷爷来不及多想，赶紧上了公交车，上车后又发现自己忘记带老年人免费乘车证了，身上也没带零钱，幸好旁边的乘客帮他换了零钱。李爷爷终于投了币，找了个位置坐下，但还有一小时才到目的地，坐在位置上的李爷爷倍感无聊，心里想如果这时候能有人和他下盘象棋该多好	1. 早上忘记吃降压药 2. 忘记带乘车证和零钱 3. 坐公交车时感觉很无聊	1. 考虑定时提醒设置 2. 考虑交易扫描 3. 考虑娱乐游戏设置
3	超市	好不容易到了超市，面对琳琅满目的商品，李爷爷有些茫然，他选购一些商品后准备结账，但总觉得好像有什么东西忘记购买，可一时半会儿又想不起来，李爷爷想如果自己会编辑短信就好了，这样就能把想买的东西提前记录在手机里。结账时营业员找给李爷爷许多零钱，他也来不及清点就放进口袋，出门时又觉得收银员好像少找了 10 元，不知道是收银员算错了还是自己算错了，这时候他不禁羡慕起那些能直接刷卡的人	1. 不会编辑短信 2. 无法刷卡，付现金时很麻烦	1. 考虑手写功能或者语音输入功能 2. 考虑电子交易功能
4	街上	走出超市，李爷爷拎着大包小包到公交站台等车，可等了半天车也没到。李爷爷准备换个站台乘车，正准备走的时候，心里想，要不打个电话让儿子开车来接吧！可他看看手上拎着的东西，拿手机实在不方便，于是作罢。李爷爷走着走着，发现自己好像迷路了，只好停下来放下东西后打电话给儿子。儿子问他在哪儿，可他自己也说不清楚，加上路边声音嘈杂，李爷爷耳朵又不好使，折腾了半天，询问了路人，才和儿子说清楚	1. 无法腾出手来拨打电话 2. 不知道自己的精确地理位置 3. 听力不好，在环境嘈杂时听不清楚对方声音	1. 考虑免持功能 2. 考虑电子地图定位 3. 考虑免持扩音功能
5	车上及家里	坐在车里，李爷爷看见儿子正用手机听歌，很好奇。他让儿子放两段京剧听听，可是当前儿子手机里面没有京剧，要想增加，操作特别麻烦，只好作罢。回到家里，李爷爷想看电视休息一会儿，拿着遥控器调了很久才调到自己喜欢的台	1. 无法收听京剧 2. 操作电视遥控器吃力	1. 考虑音乐设置及存储功能 2. 考虑智能遥控器功能

3. 把新构想加入原来的分镜头中，完善情境故事（见表 3–5）

表 3–5　完善情境故事示例

分镜头序号	地点	情境描述
1	社区里	今天是周末，李爷爷早上在社区里散了一会儿步，做了些伸展运动，在做伸展运动的时候李爷爷尽量让肢体活动开，手表式的“老年人生活伴侣”（以下简称“生活伴侣”）牢牢地戴在李爷爷的左手上。突然，李爷爷看到社区广告栏里张贴着一张超市打折促销广告，但这家超市离家很远，李爷爷临时决定去看看，于是他伸出左手，很轻松地用右手按了下“生活伴侣”上有儿子头像的大按键，电话接通后他和儿子打了声招呼就准备出发了

续表

分镜头序号	地点	情境描述
2	公交站台及公交车上	李爷爷觉得自己这段时间精神很好，自从有了“生活伴侣”，每天都能定点定时提醒他吃药，健康状况好多了。过了一会儿，公交车来了，李爷爷从容地上了公交车，发现自己忘记带老年人免费乘车证了，身上也没带零钱，不过他一点儿也不着急，他的“生活伴侣”上有乘车自动扫描卡，李爷爷抬起左手，在读卡器前晃了一下，成功了。然后李爷爷找了个位置坐下，听说还要一小时才到目的地，他取下“生活伴侣”，拉开内置的电子屏幕，按下“象棋”快捷键，开始饶有兴趣地下起了象棋，两盘结束后，公交车也到站了，李爷爷从容地下了车
3	超市	下车后李爷爷走在路上，一直在想今天要买哪些东西，他按下“生活伴侣”上的语音输入键，边想边进行语音输入。到了超市，面对琳琅满目的商品，李爷爷从容地从“生活伴侣”里调出记录好的信息，按照信息上所列商品一样样选购，这样他就不会忘记买什么东西了。他选购完商品后到收银台结账，结账金额有整有零，李爷爷直接打开“生活伴侣”上的电子交易功能，抬起左手，在读卡器前扫了一下，很轻松地付了款
4	街上	走出超市，李爷爷拎着大包小包到公交站台等车，可等了半天车也没到。李爷爷想打个电话让儿子开车来接他，他就用右手轻轻地触摸了“生活伴侣”上的免持扩音键，然后触摸了有儿子头像的拨号快捷键，电话接通后，儿子问他在哪儿，他自己也有点迷糊了，这时他使用“生活伴侣”上的电子定位功能很容易就得知了自己的具体位置，告诉儿子后便安心等待儿子来接
5	车上及家里	坐在车里，看见儿子正用手机听歌，李爷爷也按下了“生活伴侣”上的音乐键，闭着眼睛开始听事先下载好的京剧，感觉一会儿工夫就到家了。回到家里，李爷爷想看会儿电视休息一下，于是，他拿下“生活伴侣”，按下遥控键，这时屏幕上出现了存储好的李爷爷最喜欢的几个频道，李爷爷很轻松地就选到了自己喜欢的节目，并惬意地看起来，边看边想，这个专为老年人设计的“生活伴侣”真是帮了自己大忙，真可谓“一机在手，万事不愁”啊

4. 提出新的设计方案，让新构想在新的故事中得到验证，然后评估

老年人是消费主体，因此必须考虑老年人生理、心理以及知识背景等方面的情况，当然产品设计不可能囊括所有功能，应该以简洁和易操作为主，可采用“功能菜单选择”的方式，老年人可根据自己生活习惯、身体状况、心理需求等因素，挑选适合自己的功能放入主菜单，例如，有的老年人每天要外出购物，可以选择“电子交易”功能放入主菜单；有的老年人身体不好，需每天吃药，可以选择“定时提醒”功能放入主菜单；有的老年人听力不好，可以选择“免持扩音”功能放入主菜单。

任务练习

观察身边的产品，选取一款你认为需要改进的，然后按照情境故事法的设计流程设计一个问题情境和一个加入解决方案后的情境。

推荐书单

陈工孟. 创新思维训练与创造力开发［M］. 北京：经济管理出版社，2016.

任务 3　头脑风暴法

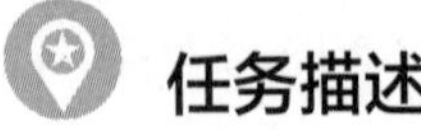

任务描述

万东了解到，产生创意、激发灵感的方法多种多样，而头脑风暴法是其中比较简单的一种，俗话说“三个臭皮匠，顶个诸葛亮”，万东创业创新团队决定学习头脑风暴法的应用方法，为后续的灵感激发、创意收集打下基础。

任务目标

1. 能讲出头脑风暴法的四大原则。
2. 能讲出头脑风暴法流程。
3. 能使用头脑风暴法解决问题。

任务实施

一、会前准备

会前准备主要包括以下内容：

1. 选定研讨的主题。
2. 选定参会者（一般不超过 10 名），其中记录员 1 名。
3. 确定会议时间和场所，准备好白板纸、记录笔等记录工具，布置会议场所，将白板纸贴于白板上，座位安排以“凹”字形为佳。
4. 会议主持人应掌握头脑风暴法的基本原理、四大原则、八点要求等，具体内容见本任务“知识链接”。

会前准备要点见表 3-6。

表3-6　会前准备要点

人员	应该做	不应该做
召集人	1. 拟定明确的研讨主题和目标 2. 确定合适的参会者 3. 有合适的时间分配计划 4. 事先对参会者知会相关的会议内容	1. 漫无边际或主题不明确 2. 让无关人员参与，关键人物或可能提供特殊信息的人物未出席 3. 一视同仁地平均分配时间，忽视重点问题 4. 搞突然袭击，让参会者措手不及
参会者	1. 阅读相关材料 2. 积极思考相关问题	对会议内容一无所知

二、会中积极参与

1. 召集人要引导参会者围绕研讨主题展开讨论，在讨论过程中召集人要保持中立，坦诚地倾听，及时归纳参会者观点，发现积极的和消极的参会者，保证每个人都为讨论做贡献，适当地使用召集人的权力，鼓励参会者自由提出构思，保证研讨会有明确的结果。

2. 参会者应该对参加会议有积极的心态，事先对研讨主题有一定的思考，会上围绕研讨主题积极发言，提出各种构思，倾听其他参会者发言。

3. 会议过程中记录员要及时在海报纸上记录所有构思。

三、会后总结

1. 会后将会议记录整理分类后展示给参会者，并从效果和可行性两个方面评价各种构思，选择最合适的构思，尽可能采用会议中激发出来的构思。

2. 召集人应该对会议结果有书面总结，将会议结果与有关领导沟通，关注任务的落实。

3. 参会者应该按会议分配的责任行动，会后的言行与会议决定保持一致。

知识链接

一、头脑风暴法的提出

20世纪30年代的一天，20岁的美国青年亚历克斯·奥斯本（Alex F. Osborn）怀揣一篇论文，来到一家广告公司应聘。公司老板一看，论文中用词不当的地方比比皆是，实在看不出有什么写作技巧。老板把论文交给各部门经理传阅，没有一个部门经理愿意聘用奥斯本。但老板最终决定试用奥斯本3个月，因为他从论文中看到了许多创造性“火花”。试用期内，奥斯本每天提出一项革新建议，其中很多建议对公司的发展起到了重大作用。

1938 年，奥斯本已是纽约一家广告公司的副经理，这一年，他首次提出了一种激发创造性思维的方法——头脑风暴法。头脑风暴法奠定了创新学的基础，奥斯本被人们尊称为“创新学之父”。

运用头脑风暴法组织会议，针对某一主题，营造自由愉快、畅所欲言的气氛，让所有参会者自由提出想法或点子，并以此相互启发、相互激励、引起联想、产生共振和连锁反应，可以诱发更多的创意及灵感。

实践表明，头脑风暴法可以排除折中方案，对所讨论问题通过客观、连续的分析找到一组切实可行的方案，因而头脑风暴法得到了较广泛的应用，大至政治和社会问题的解决、尖端科技的创新，小至家庭或个人琐事、疑难的排除、物品的改良等。

二、头脑风暴法的分类

1. 结构化头脑风暴法

结构化头脑风暴法是指，对于团队负责人或会议主持人提出的问题，团队成员一个接一个地提出自己的见解，每人每次只能提出一个见解。当某个成员再也没有新的见解时，可以跳过。所有的见解都被记录在白板纸上。

2. 非结构化头脑风暴法

非结构化头脑风暴法为团队成员提供了自由提出见解或意见的机会。这种方式鼓励团队成员贡献出尽可能多的见解或意见，直至没有人能够再提出新见解或新意见。

结构化头脑风暴法和非结构化头脑风暴法各有优缺点，见表 3-7。

表 3-7　结构化头脑风暴法和非结构化头脑风暴法的优缺点

分类	优点	缺点
结构化头脑风暴法	1. 整个过程不易让某个人主导 2. 成员被强迫性地参与 3. 易主持 4. 成员有考虑时间	1. 发言等待时间过长 2. 节奏慢 3. 不易在他人见解的基础上再发挥 4. 团队积极性发挥不足
非结构化头脑风暴法	1. 见解多未经雕琢 2. 自由畅谈 3. 鼓励创造性 4. 易在他人见解的基础上发挥 5. 节奏快	1. 难以主持 2. 外向型、强势型成员易占主导地位 3. 当成员不思考而立刻发表见解时易迷失方向

三、头脑风暴法的四大原则

1. 自由奔放去思考

头脑风暴法要求参会者尽可能解放思想，无拘无束地思考问题并畅所欲言，不必顾虑自己的想法或说法是否“离经叛道”或“荒唐可笑”；欢迎自由奔放、异想天开的意见，观念越奇越好。

案例1：1901年，一位火车上的清洁工看到风吹着灰尘到处跑，反转此过程后，发明了吸尘器。

案例2：上下楼梯时，通常是人在动、楼梯不动。反过来，使楼梯动、人不动，就出现了电梯。

案例3：很多汽车公司都是从人体工学的角度出发，要求工程师发明更好的零件。而日本汽车公司的技术人员则一天到晚跑到大超市，观察普通消费者如何使用汽车。他们注意到，很多人在购物后，拎着大包小包，开车门时很不方便，于是发明了汽车遥控钥匙。

思考的方法很多，如5M1E（人、机、料、法、环、测）法、5W2H（what、where、when、who、why、how、how much）分析法和奥斯本检核表法等。

2. 拒绝批评（会后评判）

禁止参会者在会上对他人的构思评头论足，排除评论性的判断。至于对构思的评判，留在会后进行。

注意以下8项忌讳的语句：

（1）太新奇了！

（2）不实际。

（3）没意义（无聊）。

（4）无法成功。

（5）不符合目的。

（6）成本会增加。

（7）不合道理。

（8）想法陈旧。

3. 多多益善（以量求质）

鼓励参会者尽可能多地提出构思，以大量的构思来保证质量较高构思的存在，构思多多益善，不必顾虑构思内容的好坏。

以量求质的技巧如下：

（1）接连不断地发言，必要时可点名发言。

（2）鼓励参会者一想到就马上开口发言。

（3）尽量1分钟出1个。

（4）累了就要休息。

4. “搭便车”（见解无专利）

鼓励利用别人的构思，借题发挥，根据别人的构思联想到另一个构思，即利用一个灵感引发另一个灵感，或者把别人的构思加以修改。

案例1：电脑显示器的屏幕保护/幻灯播放功能，激发了“电子相框”创意的产生。

案例2：利用飞机尾翼的设计概念，设计出了跑车的尾翼。

案例3：根据砸地锤的原理，发明了可以调节速度与力度的按摩器。

案例4：娃哈哈公司在德国考察饮料市场时，发现当地有一款没有经过发酵的啤酒，主要消费群体是妇女和儿童，回国后立即研发适合学生族、上班族和开车族的啤儿茶爽。

四、头脑风暴法的八点要求

1. 运用头脑风暴法，首先应有明确的主题。

2. 不能同时有两个以上的主题混在一起，主题应单一。

3. 问题太大时，要细分成几个小问题。

4. 创造力强，分析力也要强，要有幽默感。

5. 头脑风暴要在45~60分钟内完成。

6. 构思要写在白板纸上，字迹清晰，让所有参会者都看得到，以启发其他参会者的联想。

7. 在头脑风暴后，对构思进行评价（会后评价）。

8. 评价构思时，要做分类处理：

（1）可以立即实施的构思。

（2）需较长时间研究或调查的构思。

（3）缺少实用性的构思。

五、头脑风暴法应用案例

1956年5月，当时杨振宁和李政道分别在美国的普林斯顿大学和哥伦比亚大学从事教学及科研工作。他们每周聚会一次，共同讨论一些感兴趣的话题。通常是杨振宁将李政道请出来，然后开着车在哥伦比亚大学周围转，一边转一边讨论共同感兴趣的科研课题，如宇称不守恒的可能性等。后来他们感到烦了，便不再讨论，他们将车停在一家中餐馆门前，可他们一坐下来，灵感立即涌了上来，于是又是一番激动人心的讨论。

6月，他们发表了具有历史意义的论文，对弱相互作用中宇称守恒提出质疑，并给出了解决这一问题的实验构想。他们也因此获得1957年度诺贝尔物理学奖。

利用头脑风暴法产生新设想（30分钟）。

步骤一：采用分组方式进行，每组以6~8人为宜。每组选出主持人和记录员。

步骤二：每组从两个议题中选择一个，一是设计一种新型眼睛，二是设计一种校园内理想化的交通工具。各组根据所选择的议题，组织召开头脑风暴会。

步骤三：将会上所有的构思都记录下来，留待后续处理。

任务 4　奥斯本检核表法

任务描述

除头脑风暴法外，万东创业创新团队通过查阅资料，了解到一种名为奥斯本检核表法的创新技法，此法对照能否他用、能否借用、能否改变、能否扩大、能否缩小、能否替代、能否调整、能否颠倒、能否组合 9 个方面的问题进行思考，启迪思路，开拓思维，促进新设想、新方案的产生。经协商，万东创业创新团队决定以 3D 打印机的创新应用为案例学习奥斯本检核表法的应用方法，为后续创新设计作品打下基础。

任务目标

1. 能讲出奥斯本检核表法的实施步骤。
2. 能利用奥斯本检核表法进行创新设计。

任务实施

在 3D 打印机的创新应用案例中可以看出，围绕奥斯本检核表法的 9 个方面（问题）确立出了一系列创新点，见表 3-8。

表 3-8　　3D 打印机创新思路表

序号	检核项目	创新思路
1	能否他用	定制面膜：根据使用者脸型打印全贴合面膜
2	能否借用	3D 食品打印机：将打印机头加热，直接处理分子料理
3	能否改变	3D 复印机：直接复制已有产品
4	能否扩大	飞机打印：在空中直接打印，节省地面空间
5	能否缩小	便携式 3D 打印机：缩小打印机机体，可与手机无线连接，实现手机直接打印
6	能否替代	液体蛋白质打印机：用液体蛋白质代替塑料进行打印

续表

序号	检核项目	创新思路
7	能否调整	扫描打印机：通过打印机自带镜头输入物体，扫描建模后直接打印
8	能否颠倒	3D 分解机：消化自身已打印产品材料，供下次使用
9	能否组合	组合式打印机：原件模块化，根据打印产品大小改变打印机大小

知识链接

检核表即检查一览表或检查明细表，其作用是为对照检查提供依据，还可以起到启发思路的作用。检核表法是指在考虑某个问题时，先制作检核表，然后对表格里面的每一个项目逐一对照检查，以免遗漏要点。例如，准备长途旅游，我们可以预先列出需要携带的物品清单，在出发前逐项检查核对。

亚历克斯·奥斯本是美国创新技法和创新过程之父，1941 年他出版了世界上第一部创新学专著《创造性想象》，其中提出奥斯本检核表法，又称设想提问法或分项检查法。奥斯本检核表法是根据需要解决的问题或者需要创新的对象，以提问表格的形式，列出 9 方面问题，然后逐一审核讨论，以促进创新活动深入进行的一种方法。其特点是用制式提问表教给人们怎样有意识地突破旧的思维框架，从各个角度去发散自己的思维，避免出现思考疏漏，它使人们突破了不愿提问或不善提问的心理障碍，在进行逐项检核时开拓思路。奥斯本检核表法几乎适合任何创新活动，因此有“创造技法之母”的美誉，很多创造技法都是在奥斯本检核表法的基础上提出来的。

一、奥斯本检核表法的实施步骤及注意事项

1. 实施步骤

（1）根据对象，明确需要解决的问题。

（2）参照表 3-9 中列出的问题，运用丰富的想象力，强制性地一个个核对讨论，写出新设想。

表 3-9　　奥斯本的检核表法

序号	检核项目	含义
1	能否他用	现有事物有无其他用途，保持不变能否扩大用途，稍加改变有无其他用途
2	能否借用	能否引入其他创造性设想，能否模仿别的东西，能否从其他领域、产品、方案中引入新的元素、材料、造型、原理、工艺、思路等

续表

序号	检核项目	含义
3	能否改变	现有事物能否做些改变，如颜色、声音、味道、式样、品种、意义、制造方法等；改变后效果如何
4	能否扩大	现有事物可否扩大适用范围；能否增加使用功能；能否添加零部件，延长它的使用寿命，增加长度、厚度、强度、频率、速度、数量、价值等
5	能否缩小	现有事物能否体积变小、长度变短、重量变轻、厚度变薄，以及拆分或省略某些部分（简单化）；能否浓缩化、省力化、方便化
6	能否替代	现有事物能否用其他材料、元件、结构、力、设备力、方法、符号、声音等替代
7	能否调整	现有事物能否变换排列顺序、位置、时间、速度、型号等，内部元件能否调整
8	能否颠倒	现有事物能否从里外、上下、左右、前后、横竖、主次、正负、因果等相反的角度颠倒过来用
9	能否组合	能否进行原理组合、材料组合、部件组合、形状组合、功能组合、目的组合

（3）对新设想进行筛选，将最有价值和创新性的设想筛选出来。

2. 注意事项

（1）要联系实际一条一条地进行检核，尽量不要有遗漏。

（2）要多检核几遍，这样效果会更好，或许会更准确地选择出所需创新点。

（3）在检核每项内容时，要尽可能地发挥自己的想象力和联想力，产生更多的创新设想，进行检索思考时，可以将每项问题作为一种单独的创新方法来运用。

（4）检核方式可根据需要而定，一人检核可以，多人共同检核也可以。集体检核可以互相激励，产生头脑风暴，更有益于创新。

（5）9 项检核内容没有固定的顺序，可先将研究对象进行改变，如扩大或缩小，调整或颠倒，之后再进行组合，即先分步改革再进行组合。

由于奥斯本检核表法较强调主体心理素质的改变，借助克服心理障碍产生更多的思路，因此相对忽略了对技术对象客观规律性的认识。所以，在解决较复杂的技术发明问题时，奥斯本检核表法仅能提供大概的思路，还需进一步与其他技术结合。

二、奥斯本检核表法应用案例

应用奥斯本检核表法可以使创新者尽量集中精力朝提示的目标进行有序思考，在应用时要根据创新活动的主要目的，结合创新对象的具体特点以及已发现的难题来设计检核表。检核表的设计应具体些，除了将设想填写在检核表内外，还应附有详细的说明，必要时可画图，以便于筛选者了解创新者的本意。

1. 设计自行车

应用奥斯本检核表法对自行车进行设计，见表 3-10。

表 3-10　　自行车创新思路表

序号	检核项目	创新思路
1	能否他用	其他功能：健身、举重、竞赛
2	能否借用	能在水中行驶的自行车、飞翔的自行车、滑雪自行车
3	能否改变	不同颜色的自行车、三轮自行车、方轮车、三角车轮自行车
4	能否扩大	双人自行车、多人自行车
5	能否缩小	独轮车、自行车模型玩具、儿童自行车
6	能否替代	用木材制作自行车、复合材料自行车
7	能否调整	变速自行车、折叠自行车、变形自行车
8	能否颠倒	反着骑的自行车、背靠背的自行车、慢骑的自行车、跳跃的自行车
9	能否组合	带音响的自行车、带伞的自行车、带车棚的自行车、打扫垃圾的自行车

2. 设计杯子

应用奥斯本检核表法对杯子进行设计，见表 3-11。

表 3-11　　杯子创新思路表

序号	检核项目	创新思路
1	能否他用	用于保健：磁化杯、消毒杯、含微量元素的杯子
2	能否借用	借助电照技术：智能杯——会说话、会作简单提示
3	能否改变	颜色变化，形状变化：变色杯——随温度变化而变色；仿形杯——按个人爱好定制
4	能否扩大	加厚、加大：双层杯——可放两种饮料；安全杯——底部加厚、不易倒
5	能否缩小	微型化、方便化：迷你观赏杯、可折叠便携杯
6	能否替代	材料替代：以钢、铜、石、竹、木、玉、纸、布、骨等材料制作
7	能否调整	调整其尺寸、比例、工艺流程：新潮另类杯
8	能否颠倒	倒置后不漏水：旅行杯——随身携带、不易漏水
9	能否组合	将容器、量具、炊具、保鲜等功能组合在一起：多功能杯

任务练习

使用奥斯本检核表法对生活中的某种日常物品（如鼠标、钟表、电灯、吹风机等）进行检核创新，并完成表 3-12。

表 3-12 ________创新思路表

序号	检核项目	创新思路
1	能否他用	
2	能否借用	
3	能否改变	
4	能否扩大	
5	能否缩小	
6	能否替代	
7	能否调整	
8	能否颠倒	
9	能否组合	

推荐书单

李昌旺. 创新：让你与众不同［M］. 济南：山东人民出版社，2010.

任务5　和田十二法

任务描述

在学习奥斯本检核表法过程中，万东发现有一种方法与奥斯本检核表法相似，名为和田十二法，不仅可以用于设计创新作品，还可以用于分析梳理创新思路，对于产品后续的迭代更新至关重要。经协商，万东创业创新团队决定以分析梳理手机创新发展史为案例学习和田十二法的应用方法，为后续梳理创新思路、设计创新作品打下基础。

任务目标

1. 能讲出和田十二法的应用法则。
2. 能使用和田十二法进行创新作品设计和思路分析。

任务实施

和田十二法是我国学者许立言、张福奎在奥斯本检核表基础上，借用其基本原理加以创造而提出的一种思维技法。这种方法只涉及12个动词，首先在上海市闸北区和田路小学进行实践运用，故称和田十二法。图3-11展示了应用和田十二法分析梳理手机创新发展史的过程，在此过程中主要用到了7个动词。

一、加一加

在已有的东西上添加些什么，或把这件东西与其他东西组合在一起会产生什么新东西？新东西有什么新的功能？

在手机上通过加一加可以产生手机+导航、手机+音乐、手机+购物等创新功能。

二、减一减

在某件东西上减去某个或某些部分，或把某件东西的重量减轻一点，或减少操作次数

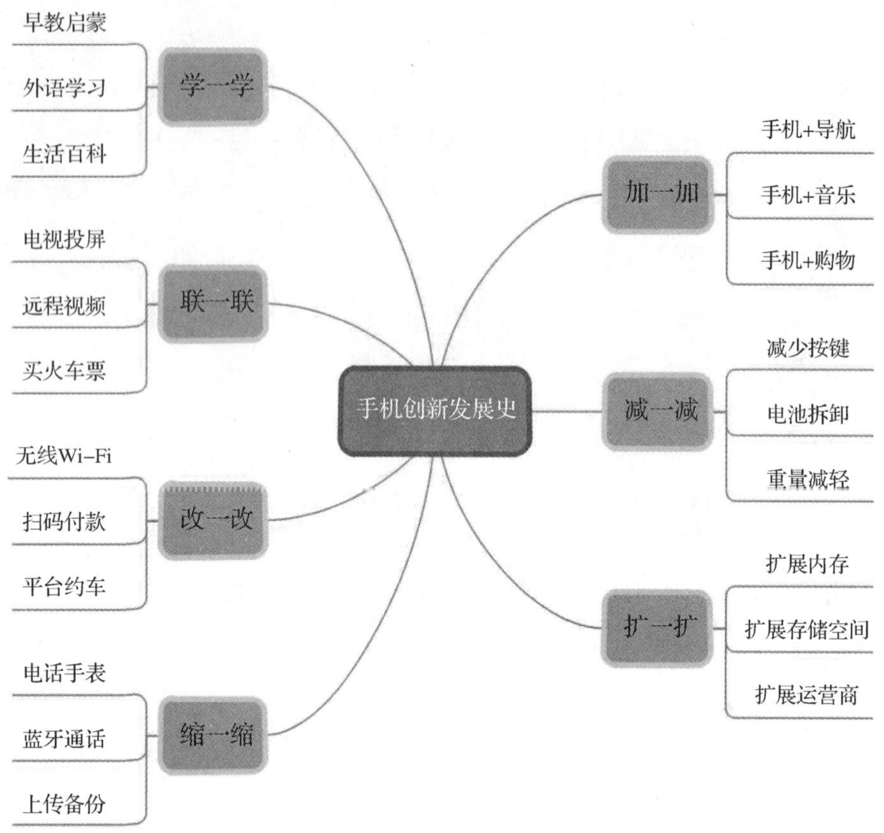

图 3-11　应用和田十二法分析梳理手机创新发展史

等，这些从形态上、重量上、过程中的“减一减”能产生什么好的效果？

在手机上减一减可以产生减少按键、电池拆卸和重量减轻等创新。

三、扩一扩

把某件东西放大、扩展（如声音扩大、面积扩大、距离扩大等），它的功能与用途会有哪些变化？这件东西除了大家熟知的用途外，还可以扩展出其他哪些用途？

可以通过扩展内存、扩展存储空间、扩展运营商等对手机功能进行创新。

四、缩一缩

把某件东西压缩、折叠、缩小，它的功能、用途会发生什么变化？

在手机上通过缩一缩可以产生电话手表、蓝牙通话和上传备份等创新产品或用途。

五、改一改

某件东西在使用过程中有哪些缺点或不足？把这些缺点或不足摆一摆，分析一下，看看哪些缺点或不足是主要的或必须马上改正的，并考虑怎样改正这些缺点或不足能给人们带来方便。

在手机上通过改一改可以产生无线 Wi-Fi、扫码付款和平台约车等创新用途。

六、联一联

某件事情发展的结果与它的起因有什么联系？能从中找到解决问题的办法吗？把两类或几类似乎不相干的事物联系起来，能发现什么规律？把几类事物联系在一起，或几件事情联系起来，能帮助我们解决什么问题？

在手机上通过联一联可以产生电视投屏、远程视频、买火车票等创新用途。

七、学一学

模仿其他事物的某些形状、结构或学习它的某些原理、方法，这样做会产生什么良好的效果，能创造出什么新的东西？

在手机上通过学一学可以产生早教启蒙、外语学习、生活百科等创新用途。

知识链接

一、和田十二法的含义和应用原则

和田十二法所涉及的 12 个动词及其含义见表 3-13。

表 3-13　和田十二法的含义

序号	方法	含义
1	加一加	加高、加厚、加多、组合等
2	减一减	减轻、减少、省略等
3	扩一扩	放大、扩大、提高功效等
4	变一变	变形状、颜色、气味、次序等
5	改一改	改缺点，改不便之处
6	缩一缩	压缩、缩小、微型化
7	联一联	原因和结果有何联系，把某些东西联系起来
8	学一学	模仿形状、结构、方法，学习先进
9	代一代	用别的材料代替，用别的方法代替

续表

序号	方法	含义
10	搬一搬	移作他用
11	反一反	能否颠倒一下
12	定一定	定个界限、标准

应用和田十二法应把握以下原则：

1. 和田十二法实质是一种思维训练，它起到了“导而弗牵”的作用。

2. 仅仅把和田十二法作为一种知识而简单记住，是毫无意义的，应在创造实践中学习这种创新技法。

3. 创新技法的应用要立足扎实的知识基础，离开了知识与生活经验，单单 12 个动词是苍白无力的。

4. 创新技法的学习与运用，只是一种创新教育的启蒙，和田十二法中的每一种方法都侧重某一个思考的角度，强调某一个思维的方向，很多创新都是综合运用或连续运用多种方法实现的。

二、和田十二法应用案例

应用和田十二法分析梳理共享单车创新思路，见表 3-14。

表 3-14　　共享单车创新思路分析表

序号	方法	创新思路
1	加一加	加多：小区投放；组合：亲子款、老年款
2	减一减	减轻：重量减轻
3	缩一缩	微型化：轻巧折叠款
4	变一变	形状：更时尚；颜色：配合款式多色区分
5	改一改	改缺点：前面的篮子太浅；改不足：增加放水壶的位置
6	联一联	把某些东西联系起来：所有共享单车共用一个平台，每家运营商可以专门负责一项事情
7	学一学	模仿形状：形态不拘一格
8	代一代	用别的材料代替：减轻重量，骑行舒适
9	搬一搬	移作他用：亲子、运动
10	定一定	定个界限：根据小区大小预放一定数量

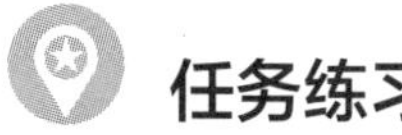

任务练习

应用和田十二法分析课桌创新思路，并完成表3-15。

表3-15　　课桌创新思路分析表

序号	方法	创新思路
1	加一加	
2	减一减	
3	扩一扩	
4	变一变	
5	改一改	
6	缩一缩	
7	联一联	
8	学一学	
9	代一代	
10	搬一搬	
11	反一反	
12	定一定	

任务6 5W2H 分析法

任务描述

万东创业创新团队的成员都喜欢看一档热门的网络综艺节目，在这档节目中，主持人和嘉宾“金句”频出，几乎句句引人思考。万东在想，这档节目如此成功，肯定有多方面原因，而这些原因中很多都是他们团队可以借鉴的。经过协商，为便于取经，万东创业创新团队决定利用 5W2H 分析法思考和分析这档节目的成功之道。

任务目标

1. 能讲出 5W2H 分析法的步骤。
2. 能使用 5W2H 分析法进行创业创新思路分析。

任务实施

一、分析“做什么（what）”

做什么通常包含 7 个方面内容，如图 3–12 所示。

针对这档网络综艺节目，分析结果如下：

1. 对象：拥有积极、年轻等属性的观众群体。
2. 条件：节目制片人，所邀请的主持人、嘉宾以及辩手都具有较高的知名度。
3. 目的：寻找华人华语世界中观点独特、口才出众的“会说话的人”。
4. 重点：以大尺度、劲爆话题、“金句”主动迎合观众。
5. 功能：打造一档让人想听广告、不看广告就觉得少了什么的节目，其广告展示形式开创了电视节目、网络综艺节目“先河”。
6. 工作规范：在规定的时间内完成立论、对杠、结辩等环节的辩论，由现场观众投票表决结果，其辩题通常属于民生、人文、情感、生活、商业、创业等领域。

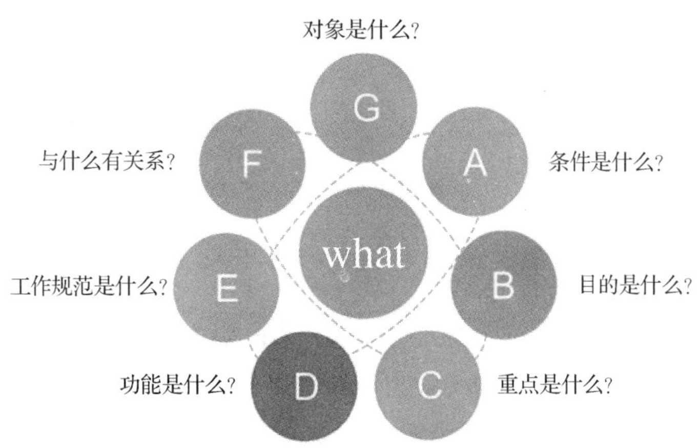

图 3-12　做什么的主要内容

7. 关系：与网络用户关注度相关。

二、分析“为什么做（why）”

为什么做通常包含 6 个方面内容，如图 3-13 所示。

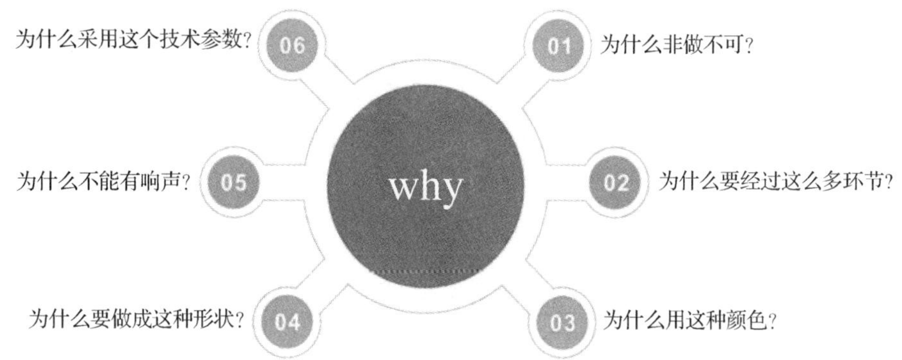

图 3-13　为什么做的主要内容

针对这档网络综艺节目，分析结果如下：

1. 网络综艺节目是一种能够快速检验市场、获取观众反馈的方式，加之现在网络用户年轻化，移动互联普及化，收视群不再像传统电视观众那样被动，可做到有针对性地精准推荐，因此网络综艺节目整体制作较传统电视节目更加短、平、快。

2. 由于视频行业原创内容的竞争，视频网最大的成本当属版权引进，如果不创新，不生产、制造更多的视频内容，不输出新鲜的内容“血液”，就只能眼睁睁看着“流量天秤”往同行倾斜。

三、分析“何人（who）”

何人通常包含6个方面内容，如图3-14所示。

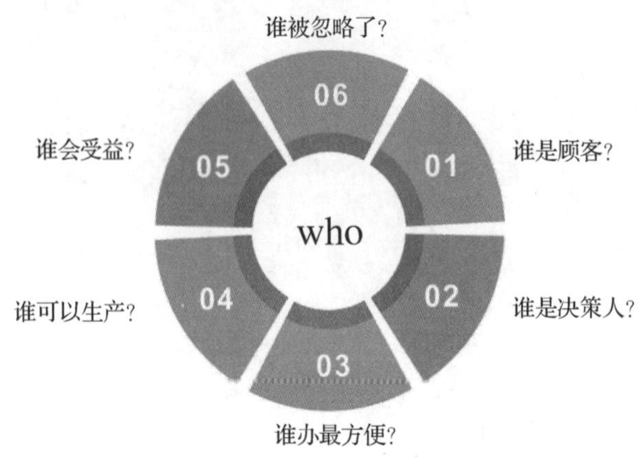

图3-14　何人的主要内容

针对这档网络综艺节目，分析结果如下：

该网络综艺节目的制片人曾是一位具有丰富主持经验的“电视人”，后又在某网络视频播放平台任首席内容官，对网络综艺节目等有较深入的研究和探索，具有“互联网+”的意识和思维，也做过很多“互联网+”的尝试；每季节目所邀请的嘉宾都是极具个人特色且拥有较高人气的语言“达人”，能够营造出独具个性的节目效果，收获了较高的节目播放率。

四、分析“何时（when）”

何时通常包含8个方面内容，如图3-15所示。

针对这档网络综艺节目，分析结果如下：

该网络综艺节目2014年11月播出第一季，其制片人在2015年离开了所在的网络视频播放平台，创办了同样主打“内容IP输出”的某传媒公司，通俗来说就是内容生产商，在后续的几季节目中，配合全球“海选”活动，这档网络综艺节目人气越来越高。

五、分析“何地（where）”

何地通常包含6个方面内容，如图3-16所示。

针对这档网络综艺节目，分析结果如下：

该网络综艺节目采用的传播方式是网络自制+某视频播放平台独播，之所以采用网络视频播放平台独播，而不采用电视平台传播，是基于其主题内容和表现形式确定的。

该网络综艺节目的主题选择了时下热门的辩题，风格尖锐，挑战传统观念，具有时代性

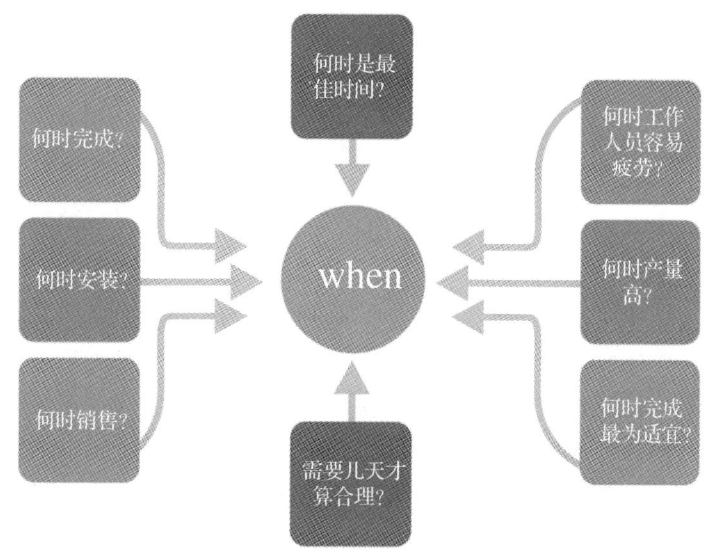

图3-15　何时的主要内容

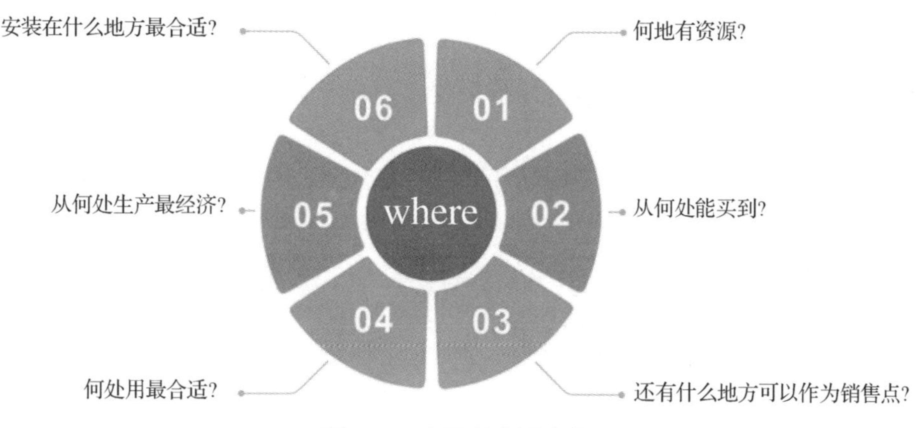

图3-16　何地的主要内容

和新潮感。辩论内容主要体现在辩手的发言上，辩手自身的社会角色并非都处于社会主流，他们结合自身经历，利用社会真实的多元化思想突破常规思维表达观点，更适合在网络媒体平台传播。

六、分析“怎么做（how）”

怎么做通常包含10个方面内容，如图3-17所示。

针对这档网络综艺节目，分析结果如下：

该网络综艺节目组通过百度知道、知乎、新浪微博等大数据平台，在民生、人文、情感、生活、商业、创业等领域，选取网友们最关心、关注的问题，发动网友参与调查投票，

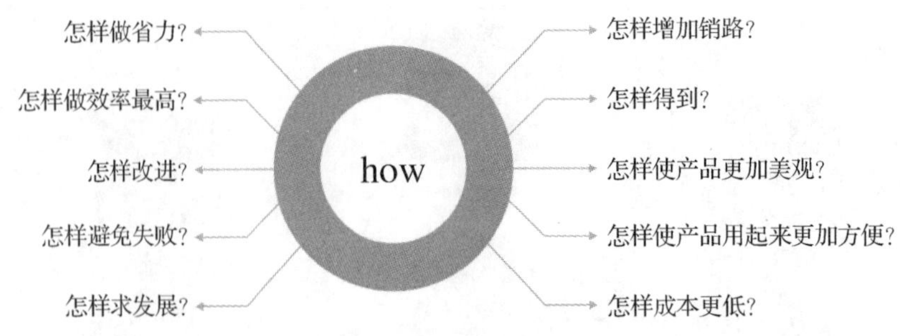

图 3-17　怎么做的主要内容

从而选出辩题。通过海选的方式选出辩手，在节目中，正、反两方在规定时间内完成立论、对杠、结辩等环节的辩论，由现场观众投票表决结果，适当运用了适合当代年轻人的元素，如弹幕、动漫画、自黑、中英结合的同期声、略带方言的“塑料普通话”等，以及嘉宾和辩手西装、T 恤、马甲、裙子等时尚着装，将枯燥严肃的辩论内容转化为活泼有趣的综艺节目话题。

七、分析“花费多少（how much）”

花费多少通常包含 7 个方面内容，如图 3-18 所示。

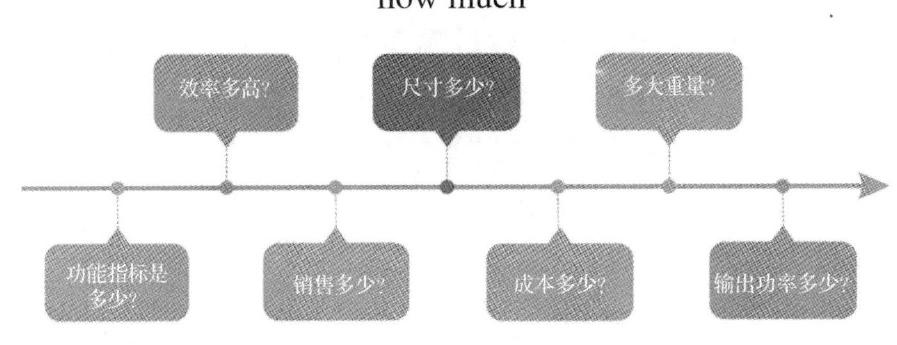

图 3-18　花费多少的主要内容

针对这档网络综艺节目，分析结果如下：

该网络综艺节目的观众中近 90% 为 20~39 岁的年轻人，节目中植入的广告涉及人们吃、穿、行、娱等多个方面，满足年轻群体对时尚、旅行、低卷入消费品的需求，适合年轻群体的消费水平。

同时，节目中植入式广告以巧妙的形式将商品和品牌信息传递给观众，一是主持人、嘉宾的谈话与辩论组成的“声音植入”，二是开篇播放动画或情景模拟短片组成的“情节植入”，三是嘉宾在现场直接使用广告商品的“体验植入”，使得观众无意识地对广告商品和品牌留下印象，达到隐形营销的目的。

知识链接

一、5W2H 分析法的含义

5W2H 分析法又称七何分析法，即用五个以 W 开头和两个以 H 开头的英语单词设问，如图 3-19 所示，围绕这些问题进行分析的方法，从而寻找创新思路，进行设计构思。

图 3-19　5W2H 分析法的含义

该方法简单、方便，易于理解、使用，富有启发意义，被广泛用于企业管理和技术活动，对于做出决策和提出执行性的活动措施非常有帮助，也有助于弥补考虑问题的疏漏。

what——是什么？目的是什么？做什么工作？

why——为什么？为什么要这样做？原因是什么？造成这样的结果，为什么？

who——谁？由谁来承担？谁来完成？谁负责？

when——何时？什么时间完成？什么时机最适宜？

where——何处？在哪里做？从哪里入手？

how——怎么做？如何提高效率？如何实施？方法怎样？

how much——多少？做到什么程度？数量如何？质量水平如何？费用产出如何？

二、5W2H 分析法使用技巧

5W2H 分析法使用技巧涉及四个方面，如图 3-20 所示。

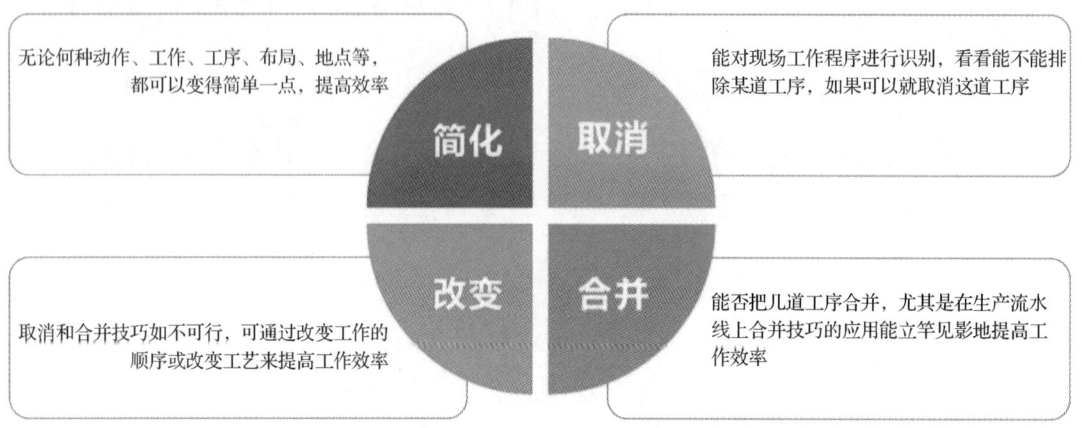

图 3-20　5W2H 分析法使用技巧

三、5W2H 分析法的 28 问提升

可以通过 28 问进一步提升 5W2H 分析法的应用效果，见表 3-16。

表 3-16　　5W2H 分析法的 28 问提升

5W2H	第一层次	第二层次	第三层次	第四层次	结论
what	什么事情	为什么做这件事	有更合适的事情吗	为什么是更合适的事情	定事
why	什么原因	为什么是这个原因	有更合适的理由吗	为什么是更合适的理由	定原因
who	是谁	为什么是他	有更合适的人吗	为什么是更合适的人	定人
when	什么时候	为什么在这个时候	有更合适的时间吗	为什么是更合适的时间	定时
where	什么地点	为什么在这个地点	有更合适的地点吗	为什么是更合适的地点	定地点
how	如何去做	为什么采用这种方法	有更合适的方法吗	为什么是更合适的方法	定方法
how much	花费多少	为什么要花费这些	有更合理的花费吗	为什么是更合理的花费	定花费

四、5W2H 分析法应用案例

1. 应用 5W2H 分析法进行任务分配

应用 5W2H 分析法进行任务分配，应用步骤如图 3-21 所示。

例如，请张小姐将这份调查报告复印 2 份，于下班前送到总经理室交给总经理，要特别注意复印质量，以便总经理带给客户参考。对于该任务，应用 5W2H 分析法分析结果如图 3-22 所示。

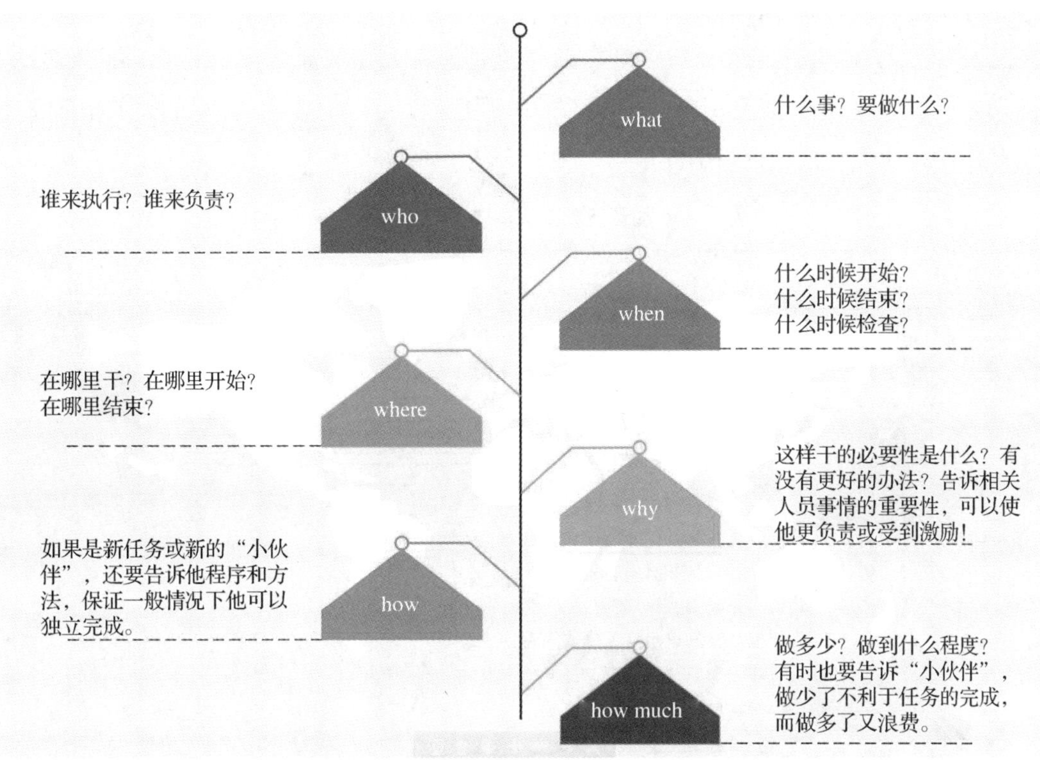

图 3-21 应用 5W2H 分析法进行任务分配的步骤

图 3-22 应用 5W2H 分析法示例

2. 利用5W2H分析法制订工作计划

2021年6月30日，万东看到省里要举办创业创新大赛的通知，当时就动了报名的念头。通知要求7月31日前完成网上报名，报名时须提交创业计划书。为顺利完成报名工作，万东利用5W2H分析法制订了工作计划，见表3-17。

表3-17　参加创业创新大赛工作计划表

5W2H	内容
what	提交创业计划书，完成网上报名手续
why	参加创业创新大赛
who	万东制作创业计划书，专家审定创业计划书
when	7月1日开始报名，7月31日前完成报名
where	万东所在学校或者家中
how	6月30日，认真阅读省创业创新大赛通知，明确报名要求 7月1日，开始编写创业计划书 7月25日前，完成创业计划书初稿，交专家审定 7月29日，根据专家审定意见修改完善创业计划书 7月30日，在网上填写报名表，并提交创业计划书定稿 7月31日，确认报名成功
how much	花费时间1个月，专家劳务费4 000元

任务练习

万东已成功报名省创业创新大赛。根据通知要求，每名参赛选手8月10日前要参加赛前培训，并提交大赛路演PPT和视频。大赛初赛将于9月10日举行，复赛将于9月20日举行，决赛将于10月20日举行。为做好各项参赛工作，请使用5W2H分析法帮助万东制订工作计划，并填写表3-18。

表3-18　参赛工作计划表

5W2H	内容
what	
why	
who	
when	
where	
how	
how much	

任务 7　TRIZ 法

任务描述

万东创业创新团队了解到，随着环境、资源问题的日益严峻，人们的环保意识和节能意识不断增强，“智能”“绿色”“节能”“环保”等相关产品流行起来。经协商，万东创业创新团队决定以“绿色”洗衣机的创新设计为例，深入学习 TRIZ 法的应用方法。

任务目标

1. 能根据任务描述确定用户需求并提取存在的矛盾。
2. 能确定矛盾类型，查找 TRIZ 的 39 个通用工程参数表，确定使产品某一方面质量提高及降低的工程参数。
3. 能通过 TRIZ 矛盾矩阵找出解决矛盾的相关创新原理。
4. 根据已找到的创新原理，结合专业知识，寻找解决问题的方案。

任务实施

一、分析问题，发现矛盾

对待解决的实际问题作详尽的分析并提取存在的矛盾。该任务中，“绿色”洗衣机创新设计要求省水、省电、省洗衣剂，但洗衣效果并不好。

二、根据 TRIZ 法，表述矛盾

根据 TRIZ 法，确定该任务中存在的问题属于物理矛盾还是技术矛盾。

物理矛盾是指为了实现某种功能，一个子系统或元件应具有某种特性，但该特性出现的同时会产生与此相反的不利或有害后果。一般有系统中有害性能降低的同时导致该系统中有用性能的降低和系统中有用性能增强的同时导致该系统中有害性能的增强两种表现形式。解

决物理矛盾主要采用分离原理，分离原理包括空间分离、时间分离、基于条件的分离和整体与部分的分离等，如图 3-23 所示。

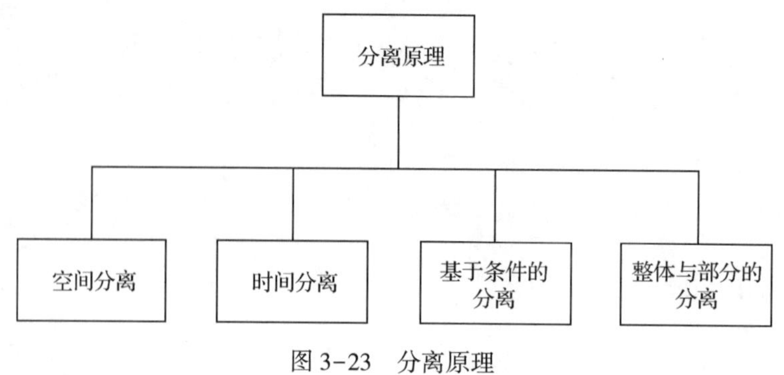

图 3-23　分离原理

技术矛盾表现为某个参数或特性优化时，往往引起其他参数或特性恶化，如图 3-24 所示。对于待解决的研发问题，如果通过头脑风暴法难以得出最终解决方案，则可通过以下 3 个步骤解决（见图 3-25）：第一步是针对一般性问题建立问题模型；第二步是使用 TRIZ 工具的 40 个创新原理，提出解决方案模型；第三步是确定最终解决方案。

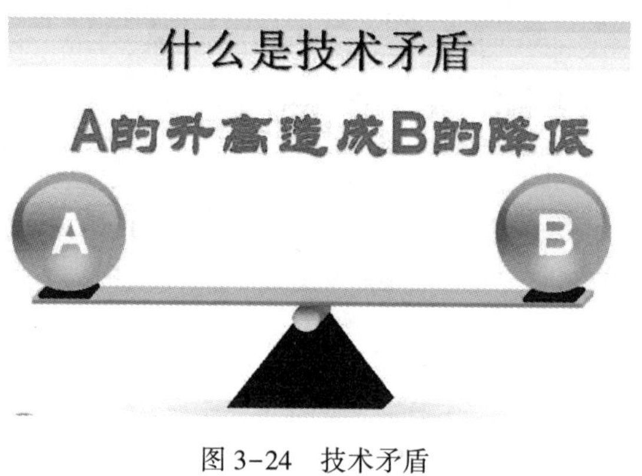

图 3-24　技术矛盾

“绿色”洗衣机创新设计矛盾在于减少物质的浪费能否达到原来的洗衣效果。查 TRIZ 的 39 个通用工程参数表，见表 3-19，确定使产品某一方面质量提高及降低的工程参数 A 及工程参数 B 的序号，可知“绿色”洗衣机创新设计矛盾属于使产品某一方面质量提高工程参数 A［23（物质损失）］与使产品某一方面质量降低工程参数 B［21（功率）］之间的技术矛盾。

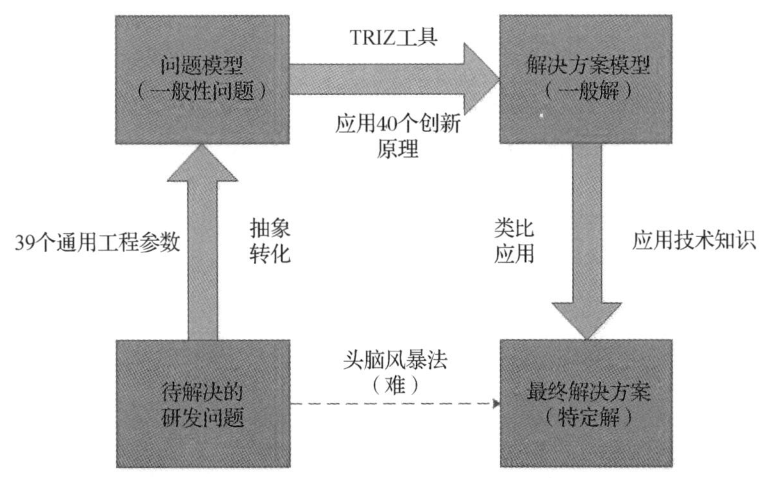

图 3-25　技术矛盾解决步骤

表 3-19　　TRIZ 的 39 个通用工程参数表

序号	工程参数	序号	工程参数	序号	工程参数	序号	工程参数
1	运动物体的重量	11	应力或压力	21	功率	31	物体产生的有害因素
2	静止物体的重量	12	形状	22	能量损失	32	可制造性
3	运动物体的长度	13	结构的稳定性	23	物质损失	33	可操作性
4	静止物体的长度	14	强度	24	信息损失	34	可维修性
5	运动物体的面积	15	运动物体作用时间	25	时间损失	35	适应性及多用性
6	静止物体的面积	16	静止物体作用时间	26	物质或事物的数量	36	装置的复杂性
7	运动物体的体积	17	温度	27	可靠性	37	监控与测试的困难程度
8	静止物体的体积	18	光照度	28	测试精度	38	自动化程度
9	速度	19	运动物体的能耗	29	制造精度	39	生产率
10	力	20	静止物体的能耗	30	物体外部有害因素作用的敏感性		

三、对照工具，得出解法

在 TRIZ 矛盾矩阵中寻找该矛盾对应的解决办法。在 TRIZ 矛盾矩阵中，行代表工程参数需要改善的一方，列代表工程参数可能引起恶化的一方（详见本任务知识链接中表 3-24）。参数 A［23（物质损失）］在第 23 行，参数 B［21（功率）］在第 21 列，其交叉处即为矩阵元素 M_{23-21} = 28，27，18，38，所对应的数值即为解决该技术矛盾的创新原理编号，见表 3-20。

表 3-20　　TRIZ 矛盾矩阵表

改善的技术特性 \ 恶化的技术特性		1 运动物体的重量	2 静止物体的重量	… ……	21 功率	… ……	38 自动化程度	39 生产率
1	运动物体的重量							
2	静止物体的重量							
…	……							
23	物质损失				28，27，18，38			
…	……							
38	自动化程度							
39	生产率							

查 TRIZ 的 40 个创新原理（详见本任务知识链接中表 3-23），得到可用的创新原理，见表 3-21。

表 3-21　　解决“绿色”洗衣机技术矛盾的创新原理表

序号	原理名称	基本操作	方案
18	振动	使物体通过水平运动，产生大小体积筛分的操作	超声波振动水流，把衣物纤维间脏污从缝隙中弹出来
27	一次性用品替代	用廉价的物体替代昂贵的物体，用模型替代真实物，在某些性能上稍做些让步	研发改良洗衣剂，增强功效
28	机械系统的替代	用感官系统（光学、声学、味觉、嗅觉）替代机械系统，采用电场、磁场和电磁场与物体进行相互作用	用其他系统替代现有机械系统
38	强氧化	用富氧替代普通空气，用纯氧替代富氧，用离子化氧替代纯氧，用臭氧替代离子化氧	将自来水电解产生活性氧与次氯酸，以溶解衣物上的有机汗污

四、针对问题，构思设计

分析解决方案，应用第 18 号振动原理和第 38 号强氧化原理，利用超声波振动与水电解相结合的方式，取代原有电动机拖动波轮或滚筒的系统，既可以避免衣物缠绕，也可以降低洗衣剂用量甚至免用洗衣剂，而且可以重复利用洗衣水，达到环保与节能的目的。从大电流的电动机驱动到电解与振动装置的发展，符合技术系统的进化趋势。虽然与理想化方案还有一定距离，但满足了省水、省电和省洗衣剂的要求。

一、TRIZ 理论发展简史

在面对复杂问题时，单一的专业知识往往不足以满足解决问题和创意思考的需要。这是因为，创造者往往会被自己所熟悉的方法和原有的思维方式所禁锢，不会取得突破性的创新发展。因此，人们的创意思考需要以一种有效的问题解决理论作为指导和方法论依据。

TRIZ 来源于俄文“发明问题的解决理论”的首字母缩写，其理论由前苏联人根里奇·阿奇舒勒（Genrich S. Altshuler，1926—1988 年）在 1940 年创立。他审阅世界各种专利 250 万件，提出了解决各种物理矛盾和技术矛盾的创新原理和法则，进而构建了一个由解决技术问题、实现创意思考和创新开发的各种算法组成的综合理论体系，形成 TRIZ 理论体系，该理论体系被很多专家称为“超级发明术”或“神奇点金术”。

二、TRIZ 法应用案例

1. 应用 TRIZ 法解决物理矛盾案例

欧洲某鞋业公司在东南亚某国的分厂生产某知名品牌运动鞋。在生产过程中，管理者发现少数当地工人有偷窃鞋子的行为。管理者曾试用公开警告、降薪和开除等办法以期解决问题，但都没有奏效。

该问题的主要矛盾属于鞋子的整体生产与偷窃鞋子的行为之间的物理矛盾。鞋业公司根据生产需要，既要在东南亚某国生产鞋子，但因为偷窃事件频发，又不能让当地工人生产鞋子。

分析改进的具体技术方案，应用分离原理（空间分离原理和整体与部分分离原理）解决。该公司从管理、生产和销售等多方面因素综合考虑，决定在不改变企业生产分厂地域位置的情况下，将鞋子由整体生产改为不同分厂生产鞋子的不同部分，即生产地点还是在东南亚地区，但是选择在 A 国生产左鞋，在 B 国生产右鞋，在 C 国生产鞋带。通过这种方式，工人偷窃鞋子的现象基本杜绝。在本案例中，对于生产地点，运用了空间分离原理；对于鞋子，运用了整体与部分分离原理。

2. 应用 TRIZ 法解决技术矛盾案例

在地面上使用锤子时，其重力会抵消锤击后产生的反弹力，但是在太空中，由于没有重力，锤击后，锤子会反弹至使用者的头部，非常危险。那么，太空中可安全使用的锤子应如何设计呢？

首先，分析问题，发现矛盾。从案例中可看出，在太空中使用锤子，锤子产生的冲击力与锤子的反弹作用是技术矛盾。

其次，根据 TRIZ 法，表述矛盾。查询 TRIZ 的 39 个通用工程参数表，可得出改善的技术特性参数是锤子产生的冲击力［10（力）］，恶化的技术特性参数是锤子的反弹作用［31（物体产生的有害因素）］。

再次，对照工具，得出解法。在 TRIZ 矛盾矩阵中，改善的技术特性参数［10（力）］在第 10 行，恶化的技术特性参数［31（物体产生的有害因素）］在第 31 列，其矩阵元素 M_{10-31}=13，3，36，24。查 TRIZ 的 40 个创新原理，得到可用的创新原理，见表 3-22。

表 3-22　设计在太空中可安全使用的锤子创新原理表

序号	原理名称	基本操作
3	局部质量	将物体（或外部环境、外部作用）由同类结构变成异类结构，使物体的不同部分具有不同功能，使物体的各部分都处于最有利于执行工作的条件下
13	反向作用	把通常活动的部分变为不活动的，把通常不活动的部分变为活动的
24	中介物	利用中介物的转移和传递作用将物体和另一个容易去除的物体暂时组合在一起
36	相变	利用物体相变时产生的效应来实现某种有效功能

最后，针对问题，构思设计。分析以上第 3，13，24，36 号创新原理，可知，改变锤子的局部结构，在锤子的局部引入一种与锤子（固态）相比具有不同形态的中介物，利用该中介物在锤子冲击时产生的反向作用抵消锤子的反弹力。结合综合应用，我们可以设计一种中空的锤子，将细铁砂作为中介物置于锤子的空腔内，在锤子下落时细铁砂位于锤子空腔的顶部，冲击的瞬间细铁砂下落的惯性力将抵消锤子的反弹力。

三、TRIZ 的 40 个创新原理

TRIZ 的 40 个创新原理主要包括分割、抽出、局部质量、不对称、组合、多用性、嵌套、反重力、预先反作用、预置防范、等势、反向作用、曲面化、动态性、未达到或超过的作用、多维化、振动、周期性作用、有效作用的连续性、急速作用、变害为益、反馈、中介物、自服务、复制、一次性用品替代、机械系统的替代、气压与液压结构、柔性壳体或薄膜、多孔物质、变化颜色、同质化、抛弃与再生、状态和参数变化、相变、热膨胀、强氧化、惰性介质和复合材料，见表 3-23。

表 3-23　TRIZ 的 40 个创新原理

序号	原理名称	基本操作	实例
1	分割	将一个物体分割成几个独立的部分	圆珠笔的笔芯与笔套是两个可分的部分，笔芯可以换

续表

序号	原理名称	基本操作	实例
2	抽出	抽出物质中的“负面部分”或不需要的属性，抽取物质中必要的、有用的部分或需要的属性	便携式加湿器本身并没有储水的容器，使用者只需购买一瓶矿泉水安装在加湿器上即可
3	局部质量	将物体（或外部环境、外部作用）由同类结构变成异类结构，使物体的不同部分具有不同功能，使物体的各部分都处于最有利于执行工作的条件下	锤子一头做成平的，一头做成扁的，增加了锤子的切削功能；改变杯子的开口，在上面做一个切口，可以最大限度地防止在倒水时漏洒
4	不对称	将物体的形状由对称变为不对称；对已经是不对称形状的物体，进一步加大其不对称的程度	三相插头
5	组合	在空间上将同类的、相邻的或辅助的操作物组合在一起，将时间上相同的、相近的或辅助的操作物组合在一起	出水能够计流量和显示水温度的组合式水龙头
6	多用性	使一物体具有能替代其他物体的多项功能	瑞士军刀，最多的功能可达50多种
7	嵌套	把一个物体嵌入第二个物体，然后将这两个物体再嵌入第三个物体，依此类推；使一个物体穿过另一个物体的空腔	保温杯，暖瓶
8	反重力	将物体与另一具有升力的物体组合，来补偿物体的重量；利用外部环境（空气动力、流体动力或其他力）补偿物体的重量	潜艇使用排放水来实现升浮
9	预先反作用	针对需要完成的作用而可能出现的不利因素，预先施加反作用，用以防范其不利因素的产生	对处于受拉伸状态的物体预先施加压力，比如，在灌注混凝土之前，对钢筋施加压力
10	预先作用	将产品所需的后置处理动作，事先就全部或部分地完成；预置物体，需要时能及时地从最方便的位置使其发挥作用；预先将产品运作所需的对象内建在产品里，以便将来使用时可以立即发挥作用	易拉罐的开口；食品袋的切口，方便人们撕开
11	预置防范	对可靠性较低的物体预置紧急防范措施	洗衣机、微波炉等在未关舱门时，无法进行工作
12	等势	改变工作条件，减少物体的提升或下降	嵌套式病人术后搬运推车可以嵌套在手术台上，将预置于手术台上的被单或软质床板与推车连接后，将手术后的病人轻松转移到推车上
13	反向作用	把通常活动的部分变为不活动的，把通常不活动的部分变为活动的	跑步机
14	曲面化	将直线或平面变成曲线或曲面，将立方体结构变成球形结构，将线性运动变成回转运动，利用产生的离心力	洗衣机通过高速旋转产生离心力来去除衣物上的水分

续表

序号	原理名称	基本操作	实例
15	动态性	刚性、不活动的物体变为可活动的、可移动的或具有可自适性的物体	计算机显示器下方有个托盘，可用于调整计算机显示器的位置与方向
16	未达到或超过的作用	未能达到理想状态的操作	汽车最高时速超出人们在正常生理与心理情况下的正常调节，所以人们在开车时一般达不到此速度
17	多维化	将物体由一维变为二维，或由二维变为三维空间运动	利用多层结构替代单层结构设计多层汽车库
18	振动	使物体通过水平运动，产生大小体积筛分的操作	选矿使用的筛选机通过振动筛去不需要的东西，留下矿石
19	周期性作用	用周期性动作（或脉动）替代持续动作，将原本连续的动作改变成周期性的间断式动作。如果动作已经是周期性的，则改变其周期频率，利用脉动的间歇来完成另一个动作	间歇性鸣叫的警车警铃格外引人注目
20	有效作用的连续性	使组成物体的各个部分均能保持在满负荷状态下运行，不间断作用，消除间歇和中断	点阵打印机或喷墨打印机，在打印机头回程中也执行打印
21	急速作用	瞬间高速作用，使作用过程中可能产生的危险或有害影响降至最小	照相用闪光灯
22	变害为益	利用有害因素获得有益效果，或将物体的有害因素与另一有害因素结合，以消除物体所存在的有害作用	利用垃圾发电，发电厂用炉灰的碱性中和废水的酸性
23	反馈	引入反馈，通过反馈来控制物质性能。若反馈已存在，则改变反馈方式、控制反馈信号的大小或灵敏度	驾驶室内各种仪表将车辆所处的行驶状态反馈给驾驶员，便于驾驶员操作车辆
24	中介物	利用中介物的转移和传递作用将物体和另一个容易去除的物体暂时组合在一起	弹琴用的拨子，安装灯具的操作杆，化学反应中引入催化剂等
25	自服务	让物体服务于自我，具有自补充、自修复功能	利用水流的冲力使喷灌用的喷头自动摆动或旋转
26	复制	用简易的和廉价的复制品替代复杂的，不便于操作的，不容易获得的或易损、易碎、昂贵的物体	人造攀岩墙替代自然山峰，保障人身安全，还可以任意设计
27	一次性用品替代	用廉价的物体替代昂贵的物体，用模型替代真实物，在某些性能上稍做些让步	假花替代需要经常更换、价格昂贵的真花
28	机械系统的替代	用感官系统（光学、声学、味觉、嗅觉）替代机械系统，采用电场、磁场和电磁场与物体进行相互作用	当天黑到一定程度时，道路两侧的感应路灯自动打开

续表

序号	原理名称	基本操作	实例
29	气压与液压结构	将物体的固体部件用气体或液体的部件替代	安全气囊
30	柔性壳体或薄膜	用柔性壳体或薄膜结构替代传统结构，使用柔性壳体或薄膜将物体与外部环境隔离	水立方（国家游泳中心）等薄膜建筑，水上步行球
31	多孔物质	给物体加孔或加入（或涂上）辅助的多孔物质。若物体已是多孔的，则利用这些孔预先引入有用的物质	针对煤块不能充分燃烧的缺点，发明了蜂窝煤；后来在蜂窝煤中添加助燃剂，发明了用火柴可以点燃的蜂窝煤
32	变化颜色	改变物体或周围环境的颜色可使产品本身与环境的差别更明显；改变难以观察的物体或过程的透明度，提高可视性	将具有发光材料的纤维添加到材料中，以此来辨别假证件和假钞
33	同质化	将一物体及与其相互作用的物体采用同一材料或具有相同性质的材料制成	桌椅组合，为保证整体效果美观，一般采用同种材料、相同工艺
34	抛弃与再生	物体中已经完成功能和无用的部分自动消失，或在工作过程中自动改变	胶囊药物的外壳可以自行溶化
35	状态和参数变化	改变物体的物理状态：为增强有效功能，将物体在固态、液态、气态等物理状态方面进行转换	将天然气液化，以减小体积而便于运输
36	相变	利用物体相变时产生的效应来实现某种有效功能	利用冰融化吸热来冷冻物品
37	热膨胀	使用热膨胀或冷收缩物质或材料，使用具有不同热膨胀系数的物质组合	热敏开关，两片金属由于热膨胀系数不同，对温度的敏感程度也不一样，温度改变时会发生弯曲，从而实现温度控制
38	强氧化	用富氧替代普通空气，用纯氧替代富氧，用离子化氧替代纯氧，用臭氧替代离子化氧	生物接触氧化法去除污水中的微生物和其他有害元素，从而净化污水
39	惰性介质	用惰性气体环境替代通常环境	氩弧焊为防止焊缝的氧化，将一惰性气体罩在电弧上
40	复合材料	使用复合物质替代单一同种材料	碳纤维高尔夫球杆更轻，强度更大，更有韧性

四、TRIZ 矛盾矩阵

TRIZ 矛盾矩阵主要从改善的技术特性和恶化的技术特性两个方向来构建，见表 3-24。该矩阵将描述技术矛盾的 39 个通用工程参数与 40 个创新原理建立了对应关系，很好地解决了设计过程中选择创新原理的难题。

表 3-24 TRIZ 矛盾矩阵

改善的技术特性 \ 恶化的技术特性		1 运动物体的重量	2 静止物体的重量	3 运动物体的长度	4 静止物体的长度	5 运动物体的面积	6 静止物体的面积	7 运动物体的体积	8 静止物体的体积	9 速度	10 力	11 应力或压力	12 形状	13 结构的稳定性	14 强度	15 运动物体作用时间	16 静止物体作用时间	17 温度	18 光照度	19 运动物体的能耗	20 静止物体的能耗
1	运动物体的重量	+		15，8，29，34		29，17，38，34		29，2，40，28		2，8，15，38	8，10，18，37	10，36，37，40	10，14，35，40	1，35，19，39	28，27，18，40	5，34，31，35		6，29，4，38	19，1，32	35，12，34，31	
2	静止物体的重量		+		10，1，29，35		35，30，13，2		5，35，14，2		8，10，19，35	13，28，10，18	13，10，29，14	26，39，1，40	28，2，10，27		2，27，19，6	28，19，32，22	19，32，35		18，19，28，1
3	运动物体的长度	8，15，29，34		+		15，17，4		7，17，4，35		13，4，8	17，10，4	1，8，35	1，8，10，29	1，8，15，34	8，35，29，34	19		10，15，19	32	8，35，24	
4	静止物体的长度		35，28，40，29		+		17，7，10，40		35，8，2，14		28，10	1，14，35	13，14，15，7	39，37，35	15，14，28，26		1，10，35	3，35，38，18	3，25		
5	运动物体的面积	2，17，29，4		14，15，18，4		+		7，14，17，4		29，30，4，34	19，30，35，2	10，15，36，28	5，34，29，4	11，2，13，39	3，15，40，14	6，3		2，15，16	15，32，19，13	19，32	
6	静止物体的面积		30，2，14，18		26，7，9，39		+				1，18，35，36	10，15，36，37		2，38	40		2，10，19，30	35，39，10，18			
7	运动物体的体积	2，26，29，40		1，7，4，35		1，7，4，17		+		29，4，38，34	15，35，36，37	6，35，36，37	1，15，29，4	28，10，1，39	9，14，15，7	6，35，4		34，39，10，18	2，13，10	35	
8	静止物体的体积		35，10，19，14	19，14	35，8，2，14				+		2，18，37	24，35	7，2，35	34，28，35，40	9，14，17，15		35，34，38	35，6，4			
9	速度	2，28，13，38		13，14，8		29，30，34		7，29，34		+	13，28，15，19	6，18，34，40	35，15，18，34	28，33，1，18	8，3，26，14	3，19，35，5		28，30，36，2	10，13，19	8，15，35，38	
10	力	8，1，37，18	18，13，1，28	17，19，9，36	28，10	19，10，15	1，18，36，37	15，9，12，37	2，36，18，37	13，28，15，12	+	18，21，11	10，35，40，34	35，10，21	35，10，14，27	19，2		35，10，21		19，17，10	1，16，36，37
11	应力或压力	10，36，37，40	13，29，10，18	35，10，36	35，1，14，16	10，15，36，28	10，15，36，37	6，35，10	35，24	6，35，36	36，35，21	+	35，4，15，10	35，33，2，40	9，18，3，40	19，3，27		35，39，19，2		14，24，10，37	
12	形状	8，10，29，40	15，10，26，3	29，34，5，4	13，14，10，7	5，34，4，10		14，4，15，22	7，2，35	35，15，34，18	35，10，17，40	34，15，10，14	+	33，1，18，4	30，14，10，40	14，26，9，25		22，14，19，32	13，15，32	2，6，34，14	
13	结构的稳定性	21，35，2，39	26，39，1，40	13，15，1，28	37	2，11，13	39	28，10，19，39	34，28，35，40	33，15，28，18	10，35，21，16	2，35，40	22，1，18，4	+	17，9，15	13，27，10，35	39，3，35，23	35，1，32	32，3，27，16	13，19	27，4，29，18
14	强度	1，8，40，15	40，26，27，1	1，15，8，35	15，14，28，26	3，34，40，29	9，40，28	10，15，14，7	9，14，17，15	8，13，26，14	10，18，3，14	10，3，18，40	10，30，35，40	13，17，35	+	27，3，26		30，10，40	35，19	19，35	35
15	运动物体作用时间	19，5，34，31		2，19，9		3，17，19		10，2，19，30		3，35，5	19，2，16	19，3，27	14，26，28，25	13，17，35	27，3，10	+		19，35，39	2，19，4，35	28，6，35，18	

续表

恶化的技术特性 / 改善的技术特性		1 运动物体的重量	2 静止物体的重量	3 运动物体的长度	4 静止物体的长度	5 运动物体的面积	6 静止物体的面积	7 运动物体的体积	8 静止物体的体积	9 速度	10 力	11 应力或压力	12 形状	13 结构的稳定性	14 强度	15 运动物体作用时间	16 静止物体作用时间	17 温度	18 光照度	19 运动物体的能耗	20 静止物体的能耗
16	静止物体作用时间		6, 27, 19, 16		1, 40, 35				35, 34, 38					39, 3, 35, 23			+	19, 18, 36, 40			
17	温度	36, 22, 6, 38	22, 35, 32	15, 19, 9	15, 19, 9	3, 35, 39, 18	35, 38	34, 39, 40, 18	35, 6, 4	2, 28, 36, 30	35, 10, 3, 21	35, 39, 19, 2	14, 22, 19, 32	1, 35, 32	10, 30, 22, 40	19, 13, 39	19, 18, 36, 40	+	32, 30, 21, 16	19, 15, 3, 17	
18	光照度	19, 1, 32	2, 35, 32	19, 32, 16		19, 32, 26		2, 13, 10		10, 13, 19	26, 19, 6		32, 30	32, 3, 27	35, 19	2, 19, 6		32, 35, 19	+	32, 1, 19	32, 35, 1, 15
19	运动物体的能耗	12, 18, 28, 31		12, 28		15, 19, 25		35, 13, 18		8, 35, 35	16, 26, 21, 2	23, 14, 25	12, 2, 29	19, 13, 17, 24	5, 19, 9, 35	28, 35, 6, 18		19, 24, 3, 14	2, 15, 19	+	
20	静止物体的能耗		19, 9, 6, 27								36, 37			27, 4, 29, 18	35				19, 2, 35, 32		+
21	功率	8, 36, 38, 31	19, 26, 17, 27	1, 10, 35, 37		19, 38	17, 32, 13, 38	35, 6, 38	30, 6, 25	15, 35, 2	26, 2, 36, 35	22, 10, 35	29, 14, 2, 40	35, 32, 15, 31	26, 10, 28	19, 35, 10, 38	16	2, 14, 17, 25	16, 6, 19	16, 19, 37	
22	能量损失	15, 6, 19, 28	19, 6, 18, 9	7, 2, 6, 13	6, 38, 7	15, 26, 17, 30	17, 7, 30, 18	7, 18, 23	7	16, 35, 38	36, 38			14, 2, 39, 6	26			19, 38, 7	1, 13, 32, 15		
23	物质损失	35, 6, 23, 40	35, 6, 22, 32	14, 29, 10, 39	10, 28, 24	35, 2, 10, 31	10, 18, 39, 31	1, 29, 30, 36	3, 39, 18, 31	10, 13, 28, 38	14, 15, 18, 40	3, 36, 37, 10	29, 35	2, 14, 30, 40	35, 28, 31, 40	28, 27, 3, 18	27, 16, 18, 38	21, 36, 39, 31	1, 6, 13,	35, 18, 24, 5	28, 27, 12, 31
24	信息损失	10, 24, 35	10, 35, 5	1, 26	26	30, 26	30, 16		2, 22	26, 32						10	10		19		
25	时间损失	10, 20, 37, 35	10, 20, 26, 5	15, 2, 29	30, 24, 14, 5	26, 4, 5, 16	10, 35, 17, 4	2, 5, 34, 10	35, 16, 32, 18		10, 37, 36, 5	37, 36, 4	4, 10, 34, 17	35, 3, 22, 5	29, 3, 28, 18	20, 10, 28, 10	28, 20, 10, 16	35, 29, 21, 18	1, 19, 26, 17	35, 38, 19, 18	1
26	物质或事物的数量	35, 6, 18	27, 26, 18, 35	29, 14, 35, 18		15, 14, 29	2, 18, 40, 4	15, 20, 29		35, 29, 34, 28	35, 14, 13	10, 36, 14, 3	35, 14	15, 2, 17, 40	14, 35, 34, 10	3, 35, 10, 40	3, 35, 31	3, 17, 39		24, 29, 16, 18	3, 35, 31
27	可靠性	3, 8, 10, 40	3, 10, 8, 28	15, 9, 14, 4	15, 29, 28, 11	17, 10, 14, 16	32, 35, 40, 4	3, 10, 14, 24	2, 35, 24	21, 35, 11, 28	8, 28, 10, 3	10, 24, 35, 19	35, 1, 16, 11		11, 28	2, 35, 3, 25	34, 27, 6, 40	3, 35, 10	11, 32, 13	21, 11, 27, 19	36, 23
28	测试精度	32, 35, 26, 28	28, 35, 25, 26	28, 26, 5, 16	32, 28, 3, 16	26, 28, 32, 3	26, 28, 32, 3	32, 13, 6		28, 13, 32, 24	32, 2	6, 28, 32	6, 28, 32	32, 35, 13	28, 6, 32	28, 6, 32	10, 26, 24	6, 19, 28, 24	6, 1, 32	3, 6, 32	
29	制造精度	28, 32, 13, 18	28, 35, 27, 9	10, 28, 29, 37	2, 32, 10	28, 33, 29, 32	2, 29, 18, 36	32, 23, 2	25, 10, 35	10, 28, 32	28, 19, 34, 36	3, 35	32, 30, 40	30, 15	3, 27	3, 27, 40		19, 26	3, 32	32, 2	
30	物体外部有害因素作用的敏感性	22, 21, 27, 39	2, 22, 13, 24	17, 1, 39, 4	1, 8	22, 1, 33, 28	27, 2, 39, 35	22, 23, 37, 35	34, 39, 19, 27	21, 22, 35, 28	13, 35, 39, 18	22, 2, 37	22, 1, 3, 35	35, 24, 30, 18	18, 35, 37, 1	22, 15, 33, 28	17, 1, 40, 33	22, 33, 35, 2	1, 19, 32, 13	1, 24, 6, 27	10, 2, 22, 37

续表

改善的技术特性 \ 恶化的技术特性		1 运动物体的重量	2 静止物体的重量	3 运动物体的长度	4 静止物体的长度	5 运动物体的面积	6 静止物体的面积	7 运动物体的体积	8 静止物体的体积	9 速度	10 力	11 应力或压力	12 形状	13 结构的稳定性	14 强度	15 运动物体作用时间	16 静止物体作用时间	17 温度	18 光照度	19 运动物体的能耗	20 静止物体的能耗
31	物体产生的有害因素	19，22，15，39	35，22，1，39	17，15，16，22		17，2，18，39	22，1，40	17，2，40	30，18，35，4	35，28，3，23	35，28，1，40	2，33，27，18	35，1	35，40，27，39	15，35，22，2	15，22，33，31	21，39，16，22	22，35，2，24	19，24，39，32	2，35，6	19，22，18
32	可制造性	28，29，15，16	1，27，36，13	1，29，13，17	15，17，27	13，1，26，12	16，40	13，29，1，40	35	35，13，8，1	35，12	35，19，1，37	1，28，13，27	11，13，1	1，3，10，32	27，1，4	35，16	27，26，18	28，24，27，1	28，26，27，1	1，4
33	可操作性	25，2，13，15	6，13，1，25	1，17，13，12		1，17，13，16	18，16，15，39	1，16，35，15	4，18，39，31	18，13，34	28，13，35	2，32，12	15，39，29，28	32，35，30	32，40，3，28	29，3，8，25	1，16，25	26，27，13	13，17，1，24	1，13，24	
34	可维修性	2，27，35，11	2，27，35，11	1，28，10，25	3，18，31	15，13，32	16，25	25，2，35，11	1	34，9	1，11，10	13	1，13，24	2，35	11，1，29	11，29，28，27	1	4，10	15，1，13	15，1，28，16	
35	适应性及多用性	1，6，15，8	19，15，29，16	35，1，29，2	1，35，16	35，30，29，7	15，16	15，35，29		35，10，14	15，17，20	35，16	15，37，1，8	35，30，14	35，3，32，6	13，1，15	2，16	27，2，3，35	6，22，26，1	19，35，29，13	
36	装置的复杂性	26，30，34，36	2，26，35，39	1，19，26，24	26	14，1，13，16	6，36	34，26，6	1，16	34，10，28	26，16	19，1，35	29，13，28，15	2，22，17，19	2，13，28	10，4，28，15		2，17，13	24，17，13	27，2，29，28	
37	监控与测试的困难程度	27，26，28，13	16，13，28	16，17，26，24	26	2，13，18，17	2，39，30，16	29，1，4，16	2，18，26，31	3，4，16，35	30，28，40，29	35，36，37，32	27，13，1，39	11，22，39，30	27，3，15，28	19，29，39，25	25，34，6，35		2，24，26	35，38	19，35，16
38	自动化程度	28，26，18，35	28，26，35，10	14，13，17，28	23	17，14，13		35，13，16		28，10	2，35	13，35	15，32，1，13	18，1	25，13	6，9		8，32，19	8，32，19	2，32，13	
39	生产率	35，26，24，37	28，27，15，3	18，4，28，38	30，7，14，26	10，26，34，31	10，35，17，7	2，6，34，10	35，37，10，2		28，15，10，36	10，37，14	14，10，34，40	35，3，22，39	29，28，10，18	35，10，2，18	20，10，16，38	35，21，28，10	26，17，19，1	35，10，38，19	1

改善的技术特性 \ 恶化的技术特性		21 功率	22 能量损失	23 物质损失	24 信息损失	25 时间损失	26 物质或事物的数量	27 可靠性	28 测试精度	29 制造精度	30 物体外部有害因素作用的敏感性	31 物体产生的有害因素	32 可制造性	33 可操作性	34 可维修性	35 适应性及多用性	36 装置的复杂性	37 监控与测试的困难程度	38 自动化程度	39 生产率
1	运动物体的重量	12，36，18，31	6，2，34，19	5，35，3，31	10，24，35	10，35，20，28	3，26，18，31	1，3，11，27	28，27，35，26	28，35，26，18	22，21，18，27	22，35，31，39	27，26，1，36	35，3，2，24	2，27，28，11	29，5，15，8	26，30，36，34	28，29，26，32	26，35，18，19	35，3，24，37
2	静止物体的重量	15，19，18，22	18，19，28，15	5，8，13，30	10，15，35	10，20，35，26	19，6，18，26	10，28，8，3	18，26，28	10，1，35，17	2，19，22，37	35，22，1，39	28，1，9	6，13，3，32	2，27，28，11	19，15，29	1，10，26，39	25，28，17，15	2，26，35	1，28，15，35
3	运动物体的长度	1，35	7，2，35，39	4，29，23，10	1，24	15，2，29	29，35	10，14，29，40	28，32，4	10，28，39，27	1，15，17，24	17，15	1，29，17	15，29，35，4	1，28，10	14，15，1，16	1，19，26，24	35，1，26，24	17，24，26，16	14，4，28，29
4	静止物体的长度	12，8	6，28	10，28，24，35	24，26	30，29，14		15，29，28	32，28，3	2，32，10	1，18		15，17，27	2，25	3	1，35	1，26	26		30，14，7，26

续表

改善的技术特性 \ 恶化的技术特性		21 功率	22 能量损失	23 物质损失	24 信息损失	25 时间损失	26 物质或事物的数量	27 可靠性	28 测试精度	29 制造精度	30 物体外部有害因素作用的敏感性	31 物体产生的有害因素	32 可制造性	33 可操作性	34 可维修性	35 适应性及多用性	36 装置的复杂性	37 监控与测试的困难程度	38 自动化程度	39 生产率
5	运动物体的面积	19，10，32，18	15，17，30，26	10，35，2，39	30，26	26，4	29，30，6，13	29，9	26，28，32，3	2，32	22，33，28，1	17，2，18，39	13，1，26，24	15，17，13，16	15，13，10，1	15，30	14，1，13	2，36，26，18	14，30，28，23	10，26，34，2
6	静止物体的面积	17，32	17，7，30	10，14，18，39	30，16	10，35，4，18	2，18，40，4	32，35，40，4	26，28，32，3	2，29，18，36	27，2，39，35	22，1，40	40，16	16，4	16	15，16	1，18，36	2，35，30，18	23	10，15，17，7
7	运动物体的体积	35，6，13，18	7，15，13，16	36，39，34，10	2，22	2，6，34，10	29，30，7	14，1，40，11	25，26，28	25，28，2，16	22，21，27，35	17，2，40，1	29，1，40	15，13，30，12	10	15，29	26，1	29，26，4	35，34，16，24	10，6，2，34
8	静止物体的体积	30，6		10，39，35，34		35，16，32，18	35，3	2，35，16		35，10，25	34，39，19，27	30，18，34，4	35		1		1，31	2，17，26		35，37，10，2
9	速度	19，35，38，2	14，20，19，35	10，13，28，38	13，26		10，19，29，38	11，35，27，28	28，32，1，24	10，28，32，25	1，28，35，23	2，24，35，21	35，13，8，1	32，28，13，12	34，2，28，27	15，10，26	10，28，4，34	3，34，27，16	10，18	
10	力	19，35，18，37	14，15	8，35，40，5		10，37，36	14，29，18，36	3，35，13，21	35，10，23，24	28，29，37，36	1，35，40，18	13，3，36，24	15，37，18，1	1，28，3，25	15，1，11	15，17，18，20	26，35，10，18	36，37，10，19	2，35	3，28，35，37
11	应力或压力	10，35，14	2，36，25	10，36，3，37		37，36，4	10，14，36	10，13，19，35	6，28，25	3，35	22，2，37	2，23，27，18	1，35，16	11	2	35	19，1，35	2，36，37	35，24	10，14，35，37
12	形状	4，6，2	14	35，29，3，5		14，10，34，17	36，22	10，40，16	28，32，1	32，30，40	22，1，2，35	35，1	1，32，17，28	32，15，26	2，13，1	1，15，29	16，29，1，28	15，13，39	15，1，32	17，26，34，10
13	结构的稳定性	32，35，27，31	14，2，39，6	2，14，30，40		35，27	15，32，35	13		18	35，24，30，18	35，40，27，39	35，19	32，35，30	2，35，10，16	35，30，34，2	2，35，22，26	35，22，39，23	1，8，35	23，35，40，3
14	强度	10，26，35，28	35	35，28，31，40		29，3，28，10	29，10，27	11，3	3，27，16	3，27	18，35，37，1	15，35，22，2	11，3，10，32	32，40，25，2	27，11，3	15，3，32	2，13，25，28	27，3，15，40	15	29，35，10，14
15	运动物体作用时间	19，10，35，38		28，27，3，18	10	20，10，28，18	3，35，10，40	11，2，13	3	3，27，16，40	22，15，33，28	21，39，16，22	27，1，4	12，27	29，10，27	1，35，13	10，4，29，15	19，29，39，35	6，10	35，17，14，19
16	静止物体作用时间	16		27，16，18，38	10	28，20，10，16	3，35，31	34，27，6，40	10，26，24		17，1，40，33	22	35，10	1	1	2		25，34，6，25	1	20，10，16，38
17	温度	2，14，17，25	21，17，35，38	21，36，29，31		35，28，21，18	3，17，30，39	19，35，3，10	32，19，24	24	22，33，35，2	22，35，2，24	26，27	26，27	4，10，16	2，18，27	2，27，16	3，27，35，31	26，2，19，16	15，28，35
18	光照度	32	13，16，1，6	13，1	1，6	19，1，26，17	1，19		11，15，32	3，32	15，19	35，19，32，39	19，35，28，26	28，26，19	15，17，13，16	15，1，19	6，32，13	32，15	2，26，10	2，25，16

续表

	恶化的技术特性 / 改善的技术特性	21	22	23	24	25	26	27	28	29	30	31	32	33	34	35	36	37	38	39
		功率	能量损失	物质损失	信息损失	时间损失	物质或事物的数量	可靠性	测试精度	制造精度	物体外部有害因素作用的敏感性	物体产生的有害因素	可制造性	可操作性	可维修性	适应性及多用性	装置的复杂性	监控与测试的困难程度	自动化程度	生产率
19	运动物体的能耗	6，19，37，18	12，22，15，24	35，24，18，5		35，38，19，18	34，23，16，18	19，21，11，27	3，1，32		1，35，6，27	2，35，6	28，26，30	19，35	1，15，17，28	15，17，23，16	2，29，27，28	35，38	32，2	12，28，35
20	静止物体的能耗			28，27，18，31			3，35，31	10，36，23			10，2，22，37	19，22，18	1，4					19，35，16，25		1，6
21	功率	+	10，35，38	28，27，18，38	10，19	35，20，10，6	4，34，19	19，24，26，31	32，15，2	32，2	19，22，31，2	2，35，18	26，10，34	26，35，10	35，2，10，34	19，17，34	20，19，30，34	19，35，16	28，2，17	28，35，34
22	能量损失	3，38	+	35，27，2，37	19，10	10，18，32，7	7，18，25	11，10，35	32		21，22，35，2	21，35，2，22		35，32，1	2，19		7，23	35，3，15，23	2	28，10，29，35
23	物质损失	28，27，18，38	35，27，2，31	+		15，18，35，10	6，3，10，24	10，29，39，35	16，34，31，28	35，10，24，31	33，22，30，40	10，1，34，29	15，34，33	32，28，2，24	2，35，34，27	15，10，2	35，10，28，24	35，18，10，13	35，10，18	28，35，10，23
24	信息损失	10，19	19，10		+	24，24，28，32	24，28，35	10，28，23			22，10，1	10，21，22	32	27，22				35，33	35	13，23，15
25	时间损失	35，20，10，6	10，5，18，32	35，18，10，39	24，26，38，32	+	35，38，18，16	10，30，4	24，34，28，32	24，26，28，18	35，18，34	35，22，18，39	35，28，34，4	4，28，10，34	32，1，10	35，28	6，29	18，28，32，10	24，28，35，30	
26	物质或事物的数量	35	7，18，25	6，3，10，24	24，28，35	35，38，18，16	+	18，3，28，40	13，2，28	33，30	35，33，29，31	3，35，40，39	29，1，35，27	35，29，25，10	2，32，10，25	15，3，29	3，13，27，10	3，27，29，18	8，35	13，29，3，27
27	可靠性	21，11，26，31	10，11，35	10，35，29，39	10，28	10，30，4	21，28，40，3	+	32，5，11，23	11，32，1	27，35，2，40	35，2，40，26		27，17，40	1，11	13，35，8，24	13，35，1	27，40，28	11，13，27	1，35，29，38
28	测试精度	3，6，32	26，32，27	10，16，31，28		24，34，28，32	2，6，32	5，11，1，23	+		28，24，22，26	3，33，39，10	6，35，25，18	1，13，17，34	1，32，13，11	13，35，2	27，35，10，34	26，24，32，28	28，2，10，34	10，34，28，32
29	制造精度	32，2	13，32，2	35，31，10，24		32，26，28，18	32，30	11，32，1		+	26，28，10，36	4，17，34，26		1，32，35，23	25，10		26，2，18		26，28，18，23	10，18，32，39
30	物体外部有害因素作用的敏感性	19，22，31，2	21，22，35，2	35，22，19，40	22，10，2	35，18，34	35，33，29，31	27，24，2，40	28，33，23，26	26，28，10，18	+		24，35，2	2，25，23，39	35，10，2	35，11，22，31	22，19，29，40	22，19，29，40	33，3，34	22，35，13，24
31	物体产生的有害因素	2，35，18	21，35，2，22	10，1，34	10，21，29	1，22	3，24，39，1	24，2，40，39	3，33，26	4，7，34，26		+					19，1，31	2，21，27，1	2	22，35，18，39
32	可制造性	27，1，12，24	19，35	15，34，33	32，24，18，16	35，28，34，4	35，23，1，24		1，35，12，18		24，2		+	2，5，13，16	35，1，11，9	2，13，15	27，26，1	6，28，11，1	8，28，1	35，1，10，28

续表

改善的技术特性 \ 恶化的技术特性		21 功率	22 能量损失	23 物质损失	24 信息损失	25 时间损失	26 物质或事物的数量	27 可靠性	28 测试精度	29 制造精度	30 物体外部有害因素作用的敏感性	31 物体产生的有害因素	32 可制造性	33 可操作性	34 可维修性	35 适应性及多用性	36 装置的复杂性	37 监控与测试的困难程度	38 自动化程度	39 生产率
33	可操作性	35，34，2，10	2，19，13	28，32，2，24	4，10，27，22	4，28，10，34	12，35	17，27，8，40	25，13，2，34	1，32，35，23	2，25，28，39		2，5，12	+	12，26，1，32	15，34，1，16	32，26，12，17		1，34，12，3	15，1，28
34	可维修性	15，10，32，2	15，1，32，19	2，35，34，27		32，1，10，25	2，28，10，25	11，10，1，16	10，2，13	25，10	35，10，2，16		1，35，11，10	1，12，26，15	+	7，1，4，16	35，1，13，11		34，35，7，13	1，32，10
35	适应性及多用性	19，1，29	18，15，1	15，10，2，13		35，28	3，35，15	35，13，8，24	35，5，1，10		35，11，32，31		1，13，31	15，34，1，16	1，16，7，4	+	15，29，37，28	1	27，34，35	35，28，6，37
36	装置的复杂性	20，19，30，34	10，35，13，2	35，10，28，29		6，29	13，3，27，10	13，35，1	2，26，10，34	26，24，32	22，19，29，40	19，1	27，26，1，13	27，9，26，24	1，13	29，15，28，37	+	15，10，37，28	15，1，24	12，17，28
37	监控与测试的困难程度	18，1，16，10	35，3，15，19	1，18，10，24	35，33，27，22	18，28，32，9	3，27，29，10	27，40，28，8	26，24，32，28		22，19，29，28	2，21	5，28，11，29	2，5	12，26	1，15	15，10，37，28	+	34，21	35，18
38	自动化程度	28，2，27	23，28	35，10，18，5	35，33	24，28，35，30	35，13	11，27，32	28，26，10，34	28，26，18，23	2，33	2	1，26，13	1，12，34，3	1，35，13	27，4，1，35	15，24，10	34，27，25	+	5，12，35，26
39	生产率	35，20，10	28，10，29，35	28，10，35，23	13，15，23		35，38	1，35，10，38	1，10，34，28	18，10，32，1	22，35，13，24	35，22，18，39	35，28，2，24	1，28，7，10	1，32，10，25	1，35，28，37	12，17，28，24	35，18，27，2	5，12，35，26	+

注：行序号与列序号相同时，矩阵元素为空集，在单元格内用“+”表示；行序号与列序号不同但矩阵元素为空集时，单元格内无内容，表示这两个特性参数间不构成矛盾，或存在矛盾但尚未找到适合的解。

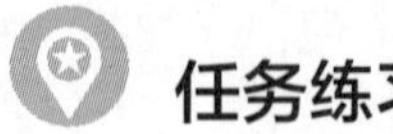

任务练习

取杏仁时必须去壳，如使用锤子砸或用机械方式压碎，时间较短，效率较高，但砸（压）后杏仁的形状不好。请使用 TRIZ 法解决该技术矛盾，设计一种开启果壳的创新方法或工具。

推荐书单

1. 阿奇舒勒. 创新 40 法：TRIZ 创造性解决技术问题的诀窍［M］. 舒利亚克，英译. 黄玉霖，范怡红，汉译. 成都：西南交通大学出版社，2015.

2. 周苏，张丽娜，陈敏玲. 创新思维与 TRIZ 创新方法［M］. 2 版. 北京：清华大学出版社，2018.

任务8　CODEX法

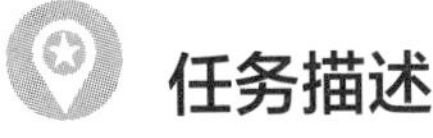

任务描述

万东创业创新团队很清楚，一定要找准特点和风口，创业创新才有机会成功。创新的路径很多，在“互联网+”时代，快速的“复制”也可以实现创新。经协商，他们决定认真研究深圳腾讯公司OICQ即时通信软件案例，学习如何运用CODEX法中的copy（复制）进行创新。

任务目标

1. 能讲出CODEX法中的copy流程。
2. 能使用CODEX法中的copy进行快速创新。

任务实施

一、选择copy目标

在选择copy目标前，要对目标进行分析，以便选择最优的copy目标。深圳腾讯公司OICQ即时通信软件的copy目标定位在美国在线的ICQ。1996年，三名以色列人开发了ICQ，这是一种互联网通信工具，可以在线聊天和共享文件，开发不到一年就成为世界上用户量最大的即时通信软件。1998年，ICQ被美国在线以4.07亿美元收购，当时该软件用户数量已超过1 000万人。

分析目标可使用金字塔模型，也称P-VAR模型，通常从以下5个方面进行分析，如图3-26所示。

1. 定位方法

定位方法处于模型的金字塔尖。

用户和需求定位是第一位的，我们需要找到符合自己所要从事领域、有需求的用户，找

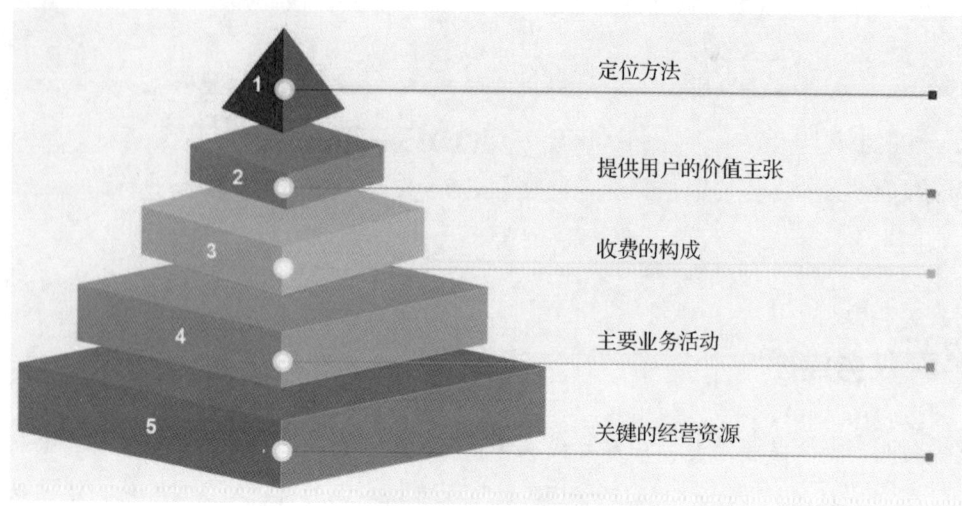

图 3-26　金字塔模型

到定位的核心群体和需求。

2. 提供用户的价值主张

满足用户需求，是我们的价值所在。价值主张是核心，我们需要 copy 到为准确定位的用户提供符合需要的有价值满足的产品或服务。

3. 收费的构成

收入和产品是紧密结合的，需要 copy 的目标是如何获取收入、自身的盈利模式究竟如何建立等。

4. 主要业务活动

简单来说就是产品和运营。我们用什么样的产品或服务满足用户需求，我们所提供的这些产品或服务是不是最能满足用户需求，或者是用户最愿意选择的产品或服务，这些决定了我们的企业能否顺畅运营，获取用户是否具有效率。

5. 关键的经营资源

这属于我们的核心竞争力，也就是我们开展主要业务活动有哪些关键的软硬件资源，以支撑实现用户需求或者价值主张。

二、copy 步骤

深圳腾讯公司在受到 ICQ 即时通信软件的启发后，想做一款中文版的 ICQ 软件，于是开发了 OICQ。当时美国在线聚焦于浏览器市场，与微软公司角力，加之 ICQ 创始团队因不想离开以色列而选择退出公司，因此 ICQ 并没有在中国市场花太大精力。而且，ICQ 是国外软件，不够本土化，英文界面注定了它很难被大多数的中国人所用。而此时的腾讯公司中，有人擅长产品，有人擅长技术，有人擅长市场，有人擅长行政人事法务，有人擅长系统信息，他们在各自领域已耕耘多年，合理的股权配置加上优秀的团队基因，组成了一支具有强大生命力的创始团队。通过产品技术的创新和优秀的市场推广策略，OICQ 慢慢生根发展并逐渐站稳脚跟，2000 年更名为 QQ，现已拥有巨大的活跃用户全体以及深厚的行业影响力。

copy 步骤如图 3-27 所示。

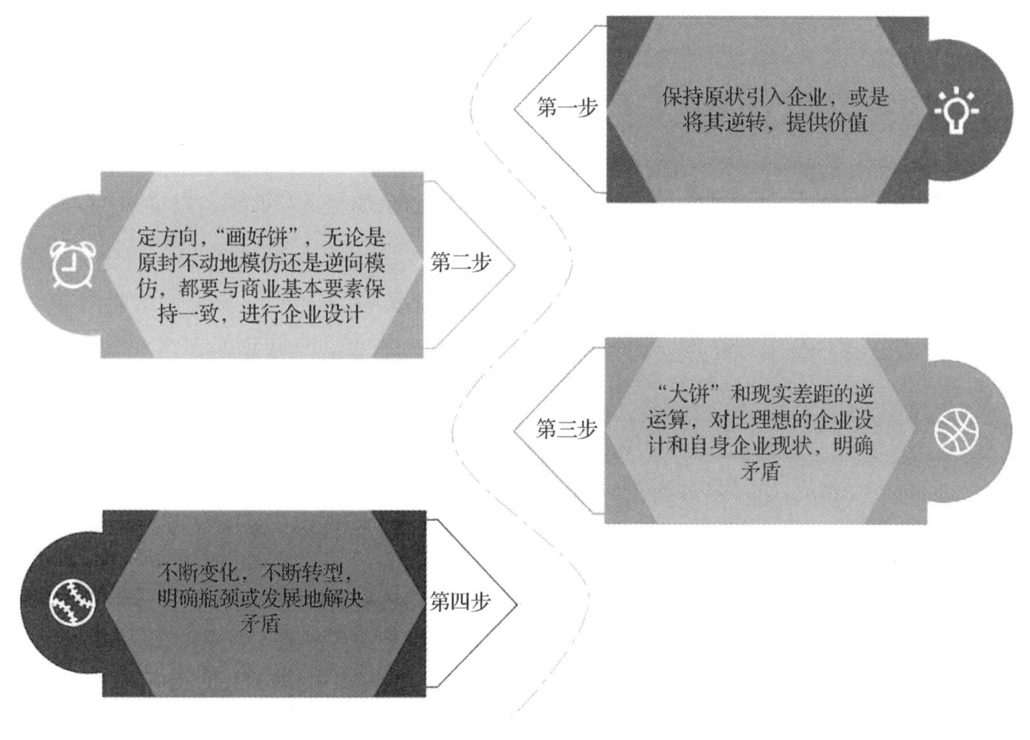

图 3-27　copy 步骤

1. 第一步：保持原状引入企业，或是将其逆转，提供价值。

一般来说，关注定位或对用户的价值主张，从产业设计开始。需要注意的是，如要逆向模仿某一公司，但已经有竞争对手这样做了，为了规避竞争，应该寻找别的定位。

比如，手表领域曾是瑞士机械表的“天下”，那时用户的需求是手表时间准确，瑞士人生产的机械表完全实现了这一价值主张，完成“一统天下”；但此后，日本手表企业进行逆向复制，从石英表开始逆袭，“打”得瑞士手表措手不及；很快，瑞士手表“醒过神”来，也选择了逆转，定位从时间准确性升级到时尚，于是以时尚作为价值主张的瑞士手表再次“超车”日本手表。可以看出，在这个过程中，虽然都处于手表领域，但在不同时期、不同阶段却有着不同的价值主张，进行逆向思维，在他人拼精准度的时候，我们拼便捷性；在他人又来拼便捷性的时候，我们提倡时尚价值。

创业项目也是如此，选定 copy 目标后，要考虑的是保持原状进行复制，还是逆向进行模仿。

2. 第二步：定方向，“画好饼”，无论是原封不动地模仿还是逆向模仿，都要与商业基本要素保持一致，进行企业设计。

此时重要的是不受实现可能性的束缚，勇敢地描绘理想的蓝图，也就是要敢“画饼”，敢做梦，说不定梦就实现了呢。实际上，有时不仅要在大脑中描绘，而且要进行实践，以得到更明确的设计。在这一步的复制中，不管是同行业还是跨领域，商业的基本要素都是相通的（商业的基本要素是，以营利为目的，有独立组织，从事专业化和社会化商品交换），一定要将这些要素和复制的对象、自身的实际进行对照，一个脱离了基本要素进行的复制是难以成功的。

3. 第三步：“大饼”和现实差距的逆运算，对比理想的企业设计和自身企业现状，明确矛盾。

要实现理想，必须跨越一系列障碍。明确阻碍实现理想的瓶颈，更便于研究对策。“大饼”一旦开始描绘，便没有终点。最初描绘的“大饼”不过是“开始的完结”，必须持续地进行描绘，必须思考如何实现这个“大饼”，必须进行逆运算，计算出企业在何时如何达到目标。计划中的目标不是企业努力的目标，而是必须实现的目标。

4. 第四步：不断变化，不断转型，明确瓶颈或发展地解决矛盾。

这个阶段最重要的是不轻易放弃。“画饼”不是目的，关键是要让这个“饼”、让企业的蓝图统一到每位创始团队成员中，让每位成员对于要复制的目标有着充分的理解和认同。这样一来，即使是稍微有些复杂的计划，成员们也会努力克服困难去实施。反之，如果成员们没有认可复制目标，实施计划时则必然会遇到挫折。项目的发展是不断变化的，特别是早期项目，在复制创新的过程中，唯一不变的就是变化，所以，需要不断明确瓶颈，不断找到解决问题的方法。

知识链接

一、CODEX 的含义

CODEX 是 copy，optimize，dimension，ecosystem，extra 五个英文单词的首字母组合，如图 3-28 所示，含义如下。

1. C：copy，复制

这种思维模式就是机械照搬他人的经验理论，比如我们在聊创新的时候，会引用乔布斯等成功者曾经说过什么，这种思维属于本地化。将复制的含义延伸至企业领域，当下很多大企业或者成功的创业企业都用过这种模式，而这种模式又分为同行复制和跨行业复制，复制

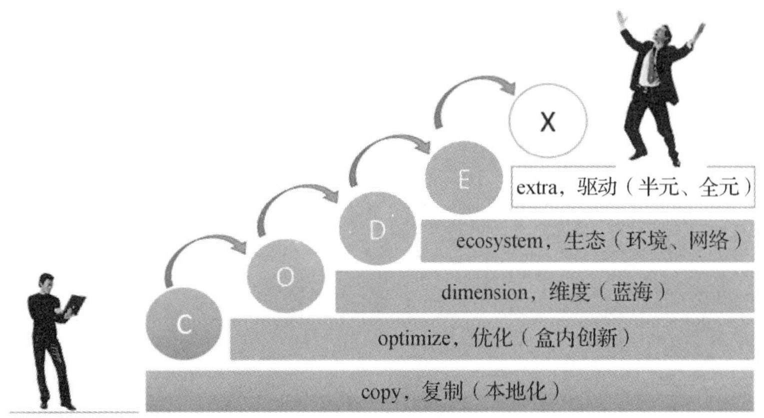

图 3-28　CODEX 的含义

模式的核心是“快”。复制是最安全的创业方法，不需要因为解决用户的某个痛点才去创业，先从复制开始，有了产品，再考虑痛点和用户体验。

2. O：optimize，优化

这是目前国内实践最多、最成功的一种模式，换句话说，就是利用现有资源进行优化式创新。这种创新的核心是执行，本质思维是 PDCA，也就是对产品创新按照计划（plan）、执行（do）、检查（check）、行动（action）的闭环方式不断更新迭代的行为。

3. D：dimension，维度

维度就是不同的角度，即一定要和竞争对手站在不同的角度，与竞争对手保持差异化思维。从创业产品上说，如果在同一维度只能称为产品功能完善，而依靠痛点和功能完善的创业，其风险是巨大的。

4. E：ecosystem，生态

例如，微软公司的目标是让所有人的计算机都用上 Windows 系统，但 Windows 系统并不是微软公司最挣钱的产品，它们最挣钱的产品是 Excel，正因为微软公司想推广自己的系统，才有了 Excel 这样有战略意义的产品。当你解决了生态问题，当生态里的人从中受益，结果就会“水到渠成”。生态创新的核心就是要看到一个结构，产品创新在一个生态链条上是有难度的，因此需要从解决生态利益问题着手。

5. X：extra，驱动

驱动式创新是一种哲学。比如，谷歌比苹果更有元思维模式，谷歌想做的是人类世界的驱动，它的愿景就是人的任何一种行为都可以“powered by Google”，人通过谷歌可以达成自己的行为目标，大致可以理解为谷歌的数字化生活。再如，微信的终极目标也是元思维模式，即连接所有，这种模式下是没有竞争的，是“我帮你做你想做的事，然后与你的产品建立连接，帮你做事的时候也让别人通过我连接到你的产品”。

二、CODEX 法的应用

1. 优化级创新

（1）创新原理。减去某个基本部分，减去的部分越基本，创新越激烈。

（2）创新步骤。

1）列举产品或服务的内部组成部分。

2）选择一个基本部分，将其删除（完全删除或部分删除）。

3）想象删除后的结果。

4）思考：新产品或新服务有什么潜在价值和优势，有无市场，谁需要，为何需要，它是如何发挥功效的。

5）思考：有无可行性，是否可付诸实践，可否通过调整增强其可行性。

（3）注意事项。

1）删除的基本部分既不是最核心的，也不是最次要的，而是“中间地带”的。

2）不要仅删除有缺陷的部分。

3）不要立刻找替代品。

4）避免认知误差。

例如，我们日常洗手过程中仅有 5%的水用于溶解污渍，而 95%的水都用于冲走这些污渍。鉴于此，设计一款空气洗手装置，其分析步骤见表 3-25。

表 3-25　　空气洗手装置设计表

项目	内容
组成部分	水、水龙头、红外线、盆
删除的部分	水（部分删除）
删除后结果	节约了大量的水
有何价值和优势	环保、可持续，符合社会发展趋势，市场上无同类竞品
谁需要，为何需要	各类机关、企事业单位（尤其是公共区域），节约成本，减少浪费
可行性	可行性强，难点是技术、成本

设计出的产品雏形如下：

手放在水龙头下方通过红外线进行感应，电力驱动对空气进行压缩，水龙头喷出雾状水滴和高速气流，其中，雾状水滴的作用是溶解污渍，高速气流的作用是冲走这些污渍，替代原来浪费掉的 95%的水。该装置耗电功率只有几十瓦，能耗极低。经测算，空气洗手装置的出水量约 300 毫升/分钟，普通洗手设备的出水量约 3 000 毫升/分钟，节水量能达到 90%，同时经显色反应和细菌残留实验证明，利用高速气流洗手，污渍和细菌残留程度与普通用水洗手并无差异。

2. 维度级创新

以一只普通的 LED 灯为目标产品，如果应用维度级创新方法，设想在“产品表现”维度上可以做出哪些产品。分析过程见表 3-26。

表 3-26　　LED 灯创新产品设计分析过程

序号	产品表现	产品或服务名称
1	增加功能	叫醒灯、定时灯、空气质量报警灯
2	环境保护	环保灯、健康灯
3	定制	图案灯、星座灯
4	使用便利	快速更换灯、电压预警灯
5	交互功能	声控灯、体感灯、签到灯
6	环境敏感	烟雾探测功能灯、热感功能灯
7	特性集成	音乐灯、浴霸
8	聚焦	特殊灯片、特殊材质灯、香味灯
9	简化产品性能	见光不见灯
10	安全	过电保护灯、防水灯、防潮灯、耐磨灯
11	时尚	情侣灯、情调灯、浪漫造型灯
12	卓越产品	10 万次不坏灯
13	增加价值	学习联盟
14	礼宾服务	用眼关爱店
15	售后保障	帮忙拆卸
16	租赁	厂矿空闲时照明灯共享
17	扩展或插件	可连接 Wi-Fi 的智能灯，可用手机控制，并可反馈使用时间
18	模块化系统	家庭用灯方案组合
19	产品捆绑	捆绑家庭服务
20	产品或者服务平台	网上社区

任务练习

项目：每个小组 1 个项目（小组成员需充分了解该项目）。

时长：20 分钟。

人数：以小组为单位（5~7 人），每个小组设组长 1 名。

道具：每个小组大白纸 1 张，每人每种颜色便签贴不少于 6 张（共两种颜色），记号笔每人 1 支，胶带，A4 纸每人 1 张。

流程要求：

（1）挑选一个行业或者一家知名企业（与项目所属行业完全不同的行业），要求先查阅资料，对这个行业或者企业做充分了解。

(2) 将大白纸贴到墙上，左边写上“参照行业或企业”，右边写上“对应做法”。

(3) 小组内每个人将3张同色的便签贴横向贴到A4纸上，然后将这个行业或企业的做事方式，自己认为先进的理念、运营、体验、模式、渠道、客户人群等写到便签贴上（写的时候不讨论，每人写3条），完成后，将A4纸以顺时针方向传递给下一个人。

(4) 下一个人在3张便签贴下面再贴上3张同色的便签贴。认真读上面的3条体验，受到启发后，再在下面的3张便签贴上写下3条对于参照行业或企业的体验，要求不能和自己原来的3条重复，也不能和上面的3条一样。

(5) 全部写完后，每个人将自己手中写有体验的便签贴贴到“参照行业或企业”的大白纸上，并且大声说出来，使其他成员都可以听到，贴时可以对其进行分类。

(6) 投票整理出哪些建议是重要的、可行的。

(7) 组长带领大家用另一种颜色的便签贴，寻找如何将参照行业或企业的体验复制到自己的企业。比如，“将小米的饥饿营销法搬到我们企业，如何”“如果我们能实现客户订单实时查询，应该怎样做”。大家都共享自己的点子，并将其贴到右边的大白纸上。

(8) 做完后，大家讨论，看看是否还有其他做法。

(9) 小组汇报。每个小组汇报时间不超过5分钟，包含项目介绍、团队意见和过程整理、参照行业或企业、对应做法。

项目4

提升创业创新思维能力

项目综述

通过本项目学习，学习者能够使用思维导图法绘制出完整的创业思维导图，能够了解辅助式开放创新、互补式开放创新、迭代式开放创新三个开放式创新实践阶段，能够使用世界咖啡法总结激励创业团队的方法，能够根据团队条件和自身优势选择适合自己团队的创业模式和方法。

项目流程

项目任务

任务1　思维导图法

任务2　开放式创新方法

任务3　世界咖啡法

任务4　创业模式和方法

任务1　思维导图法

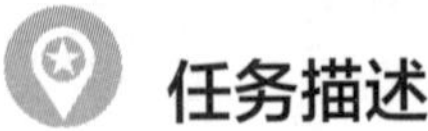

任务描述

万东创业创新团队中的张健思维清晰，做事有条不紊。在一次闲聊过程中，万东向张健请教如何解决企业运营初期可能存在的缺乏系统运营思维等核心问题，张健结合自身实践经验，建议万东利用所学的思维导图法，以“精细化运营”为主题与团队其他成员一起厘清思路。

任务目标

1. 能够复述思维导图法的使用方法和需要的工具。
2. 能够绘制完整的思维导图。

任务实施

一、确定中心主题

从一张空白纸张的中心开始，以文字或简笔画等方式表达此思维导图的中心主题“精细化运营”，如图4-1所示。

精细化运营

图4-1　确定中心主题

二、绘制分支

1. 绘制主分支

仔细分析精细化运营所应具备的信息模块，如运营模式、运营管理、运营策划、用户运营、推广、营销、产品规划、员工工作职责、数据分析等，如图 4-2 所示。

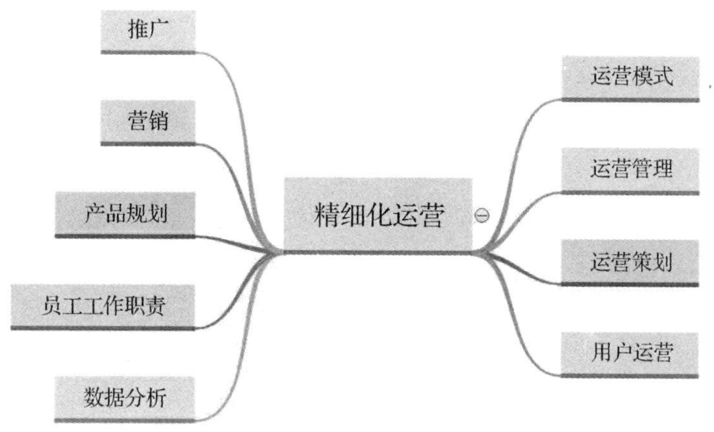

图 4-2　绘制主分支

2. 绘制子分支

单独思考每一个主分支所应具备的内容，并依次添加到该主分支的子分支中。

在“运营模式”这一主分支中，要思考的有营销推广、组织架构、渠道、市场定位、盈利模式、KPI（key performance indicator，关键绩效指标）设定六个方面，如图 4-3 所示。

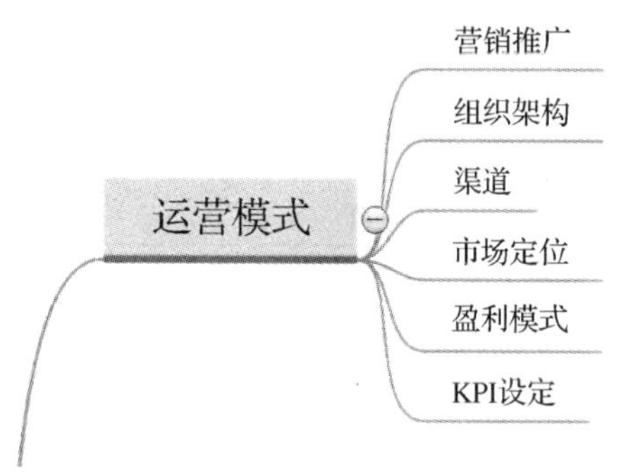

图 4-3　绘制二级分支（1）

在“运营管理”这一主分支中，需要添加产品管理、团队管理、商家管理、会员管理、内容管理等二级分支，如图 4-4 所示。

在“运营策划”这一主分支中，需要添加商业模式、产品策划、内容策划、推广策划、营销策划、活动策划、栏目策划等二级分支，如图 4-5 所示。

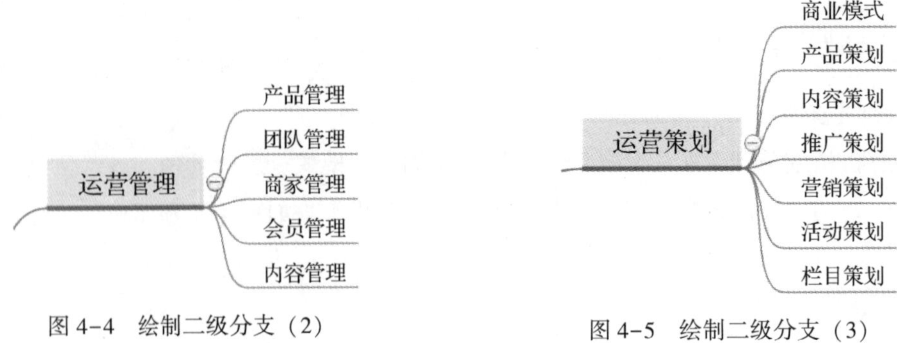

图 4-4　绘制二级分支（2）　　图 4-5　绘制二级分支（3）

在“用户运营”这一主分支中，需要添加用户体验、客服、用户口碑、用户活跃度、用户关系维护等二级分支，如图 4-6 所示。

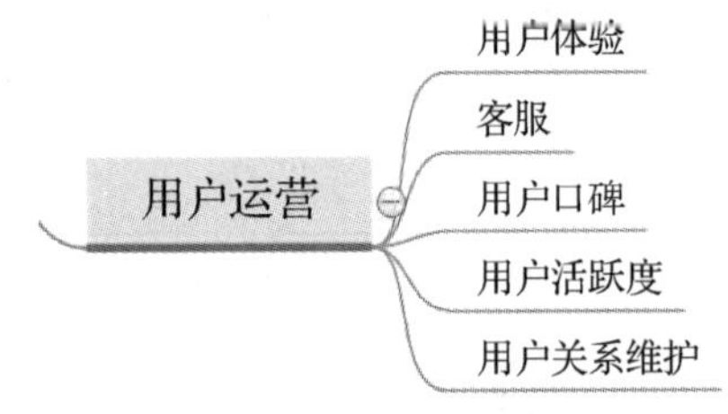

图 4-6　绘制二级分支（4）

然后，根据需要通过三级分支展开更详尽的内容补充，如对“用户体验”进行详尽的解释，绘制出互动体验、内容体验、信任体验、服务体验、售后体验等三级分支；对“客服”进行详尽的解释，绘制出用户反馈、业务管理、投资建议、回访等三级分支，如图 4-7 所示。

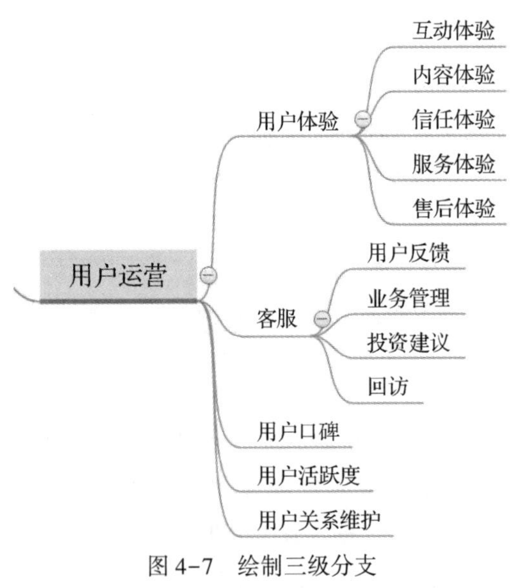

图 4-7　绘制三级分支

依此类推，为其他主分支绘制子分支，完成思维导图的初稿绘制，如图 4-8 所示。

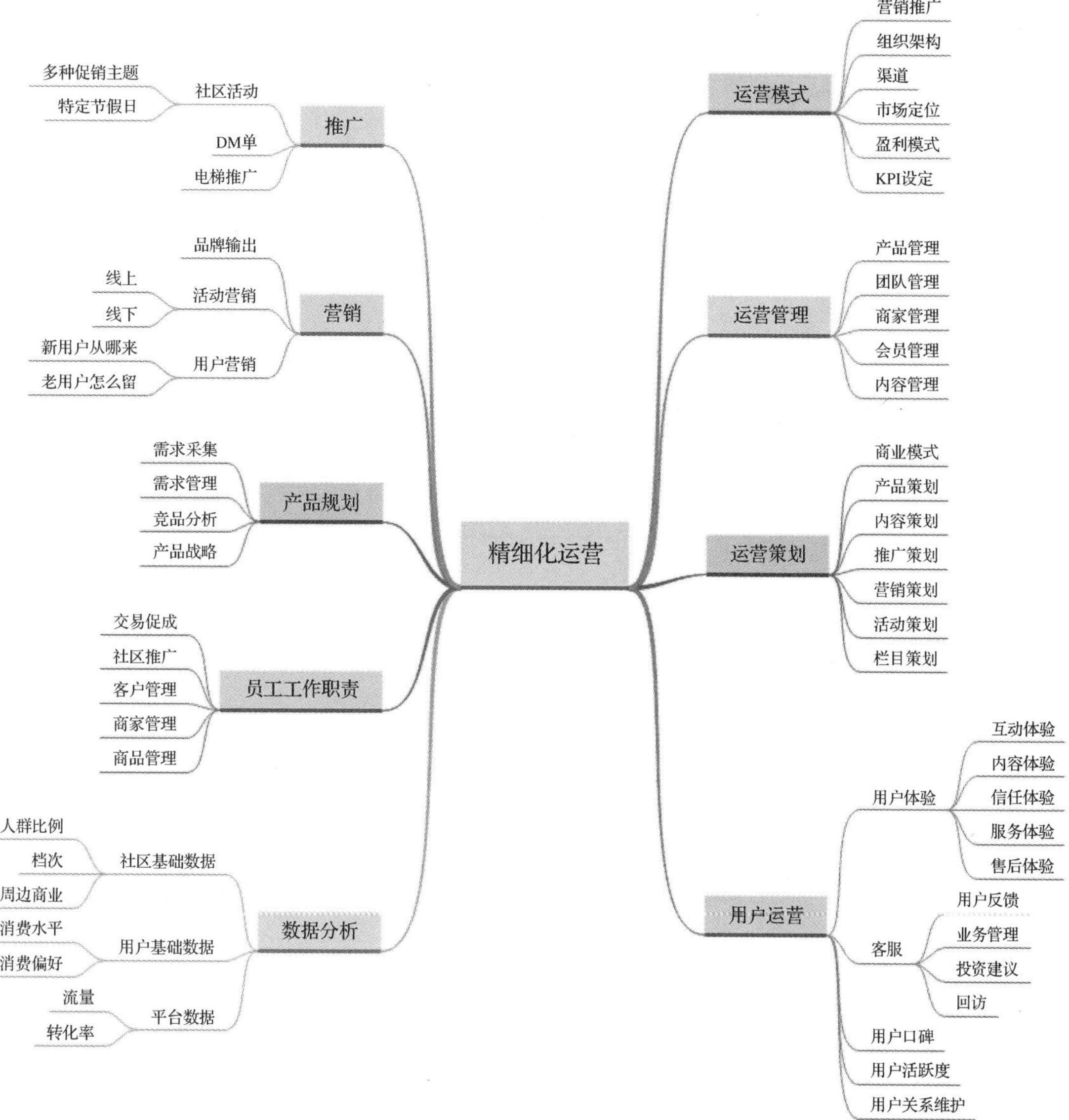

图 4-8　为其他主分支绘制子分支

3. 建立节点间的关联

为了让这一思维导图各分支之间的关系显得更直观易懂，还可以在相关分支间添加关联，如图 4-9 所示。

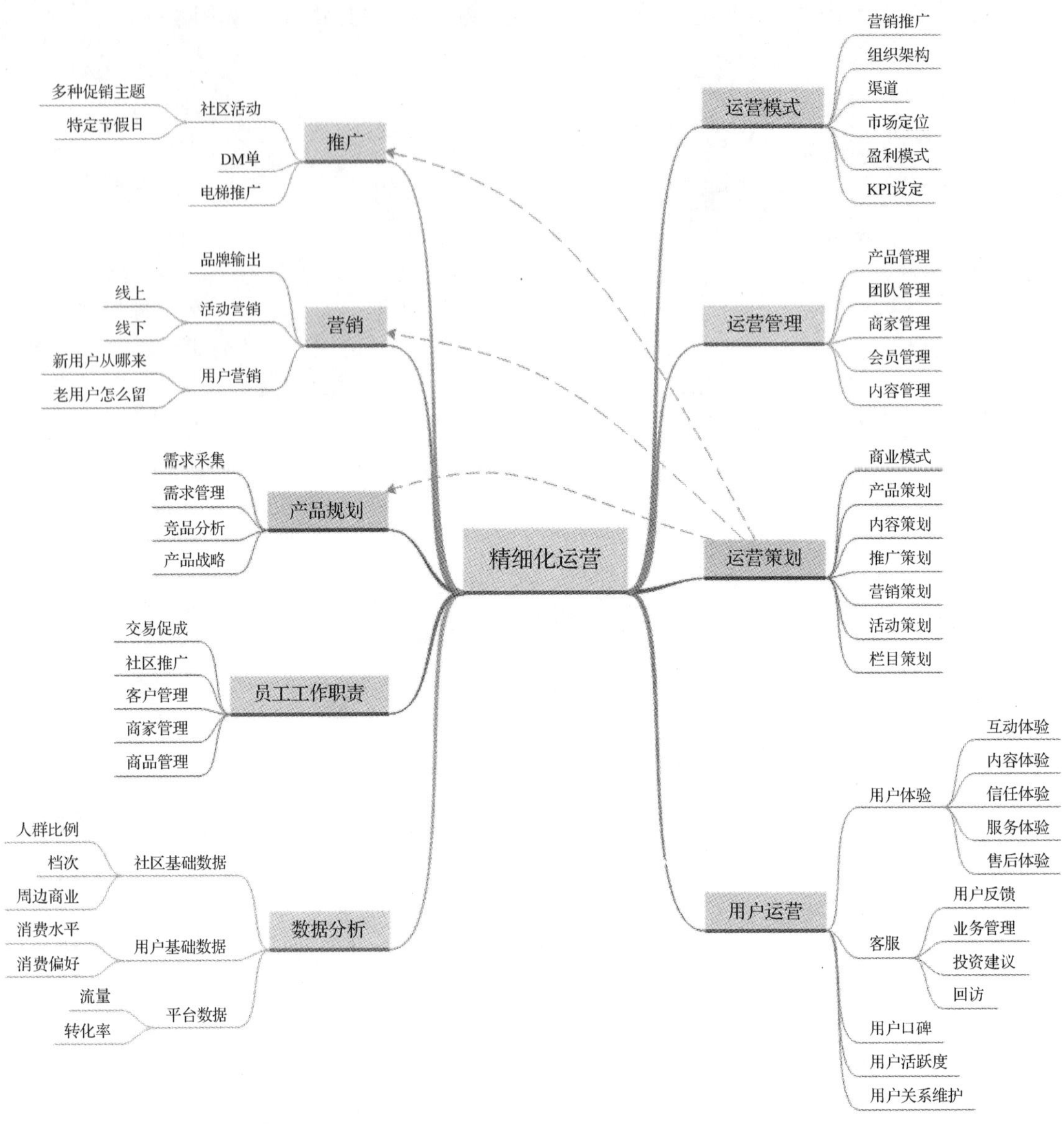

图 4-9 在相关分支间添加关联

知识链接

一、思维导图的概念

思维导图是一种将思考具体化的方法，与人类大脑的放射性思维相适应。进入大脑的每一条信息，不论是感觉、记忆还是想法，都可以成为一个思维中心，在思维导图中称为中心主题，由此中心主题向外发散出多条分支，而每一条分支又可以成为另一个思维中心，再向外发散出多条分支，一级级的分支呈现出放射性立体结构，如图 4-10 所示。

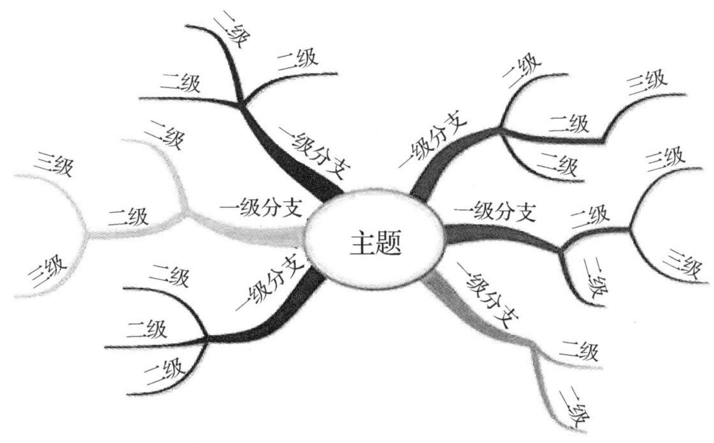

图 4-10　思维导图结构

作为一种可视化工具，思维导图可将各级主题与各分支之间的隶属关系或关联通过图示表现出来。对于不同的关键词，思维导图运用不同的图形、颜色、线条，与其建立记忆链接，以调动左右脑的协同作用，增强记忆效果。

二、绘制思维导图的方法

思维导图需要借助文字和图形，将大脑中的想法“画”出来。在这个过程中，我们需要运用图像、线条、关键词等，并借助不同的颜色将大量枯燥无味的信息变成丰富多彩、便于记忆、有高度组织性的图画，使之接近于大脑平时处理信息的方式。绘制思维导图的基本元素见表 4-1。

表 4-1　思维导图的基本元素

元素	使用部分	重要价值
图像	中心图、小插图	增进理解、增强记忆
线条	关联、连接信息	突出逻辑、层次关系
关键词	线条上、方框内	紧抓要点、提纲挈领
颜色	图像、线条	方便识别、刺激右脑
布局	逻辑顺序、视觉效果	方便记忆、愉悦感官

绘制思维导图的工具有一张足够大的空白纸、彩色水笔和铅笔数支等。这些是基本工具。绘制过程中还可以使用更符合自己习惯的绘制工具，如成套的软芯笔、色彩明亮的涂色笔或者钢笔等。

三、思维导图绘制软件

现在有很多绘图软件都可以用以绘制思维导图，也有很多专业的思维导图绘制软件。这里选择了一些常用的思维导图绘制软件，能够帮助我们厘清思路，提高工作效率。

1. MindManager

MindManager 由美国 Mindjet 公司开发，它不仅是一款思维导图绘制软件，更是一套完整的项目管理与协作方案，包含非常强大的思维导图和头脑风暴工具，能够帮助用户组织项目、从项目各分支分配任务给不同的人、将所需单独的待做事项和工作完整规划，从而保证项目成功，无论是管理个人待做事项还是与几十、几百个人协作，都可以得心应手。

2. XMind

XMind 是一个开源项目，可以免费下载并自由使用。XMind 有 Plus 和 Pro 两种收费版本，可提供更加专业的功能。除地图结构外，XMind 也提供树状图、逻辑结构图和鱼骨图结构，内置拼写检查、搜索、加密以及音频笔记等功能。

3. MindMapper

MindMapper 是一款专业的可视化思维导图绘制软件。通过智能绘图方法管理信息和处理工作，有助于提高组织、审查、合作、分享和交流能力。

4. iMindMap

iMindMap 是一款手绘思维导图软件，可用于绘制思维导图、鱼骨图、二维图、树状图、逻辑结构图、组织结构图等。使用该软件可以方便地导入或导出 html、doc、ppt、pdf、txt 等文件。

5. Coggle

Coggle 是一款免费的在线协作思维导图工具，运用该工具，可以直观地用一个精美的呈现分支结构定义的连接，可以制作出漂亮的笔记，可以与同事或他人分享、协同工作，展现自己的想法。

6. MindMaster

这款思维导图绘制软件提供免费版和专业版，支持跨平台操作，可以同时在 Windows、Mac 和 Linux 系统上使用，有效兼容多种常用办公软件，如 Office、MindManager、Powerpoint 等，还可将文件存储到云空间。

任务练习

请手绘或使用思维导图绘制软件绘制“企业创建”思维导图。

推荐书单

1. 李肖鸣. 创业创新实训［M］. 北京：清华大学出版社，2018.

2. 丛子斌. 创业创新教育［M］. 北京：高等教育出版社，2016.

任务2　开放式创新方法

任务描述

万东通过市场调研发现同类型企业较多，同质化竞争激烈。如何在日益激烈的市场竞争中占据市场份额、如何使自己的企业更加强大等问题不停地浮现在万东的脑海中，企业成立后面临的机遇及挑战使万东陷入了沉思。万东找到了曾指导他参加创业创新大赛的老师，向老师述说了自己的疑问。老师在了解万东的困惑后，建议万东去了解一些国内外企业开放式创新的案例并尝试总结开放式创新实践各阶段操作，以便开拓自己的思路。

任务目标

1. 能讲述企业辅助式开放创新、互补式开放创新、迭代式开放创新的特征。
2. 能应用开放式创新方法。

任务实施

万东充分利用各类资源，通过实地走访、现场调研、与企业相关人员交流等方式了解到很多国内外企业的发展情况，并通过分析总结出开放式创新实践的具体阶段及各阶段操作特点。

一、辅助式开放创新：引进外部技术，提高研发能力

通过技术引进及技术并购，对引进的新技术进行学习和消化，从而确保引进的技术能够真正“为我所用”，实现自身技术创新能力的提升，进而实现自身产品质量的提升。

获取技术资源后，企业对已有技术和产品性能快速改进，通过所获得的技术积累，逐步形成自主的研发能力，从而提升自身的局部创新能力。

二、互补式开放创新：寻找优秀的合作企业，进行合作研发

积极开拓国内外市场，寻求知名企业，建立研发体系，与具有一流技术水平的企业建立研发实体，实现在产品和技术拓展上的合作共赢。

通过建立研发实体，实时了解前沿技术，并将新技术整合到实际产品创新过程中，在自主性的合作研发中掌握主动权，实现整体创新。

三、迭代式开放创新：利用全球资源，进行网络化战略创新

打造线上开放平台，追踪全球领先技术和创新思想，快速汇集创新资源，将概念产品化，在与市场的高频度互动中不断调整认知、完善产品，实现快速成长，抢占“蓝海”，把握住“第一位”的优势。

表 4-2 所列为不同阶段技术创新能力体系和能力构成。

表 4-2　　不同阶段技术创新能力体系和能力构成

开放式创新实践阶段		辅助式开放创新	互补式开放创新	迭代式开放创新
能力体系		以学习吸收为核心	以自主研发为核心	以组合迭代为核心
能力构成	搜寻能力	技术引进	技术筛选	敏捷感知
	学习能力	内化吸收	内化吸收	知识整合
	创造能力	局部创新	整体创新	快速迭代

知识链接

开放式创新指的是组织利用外部资源，以有意义的方式进行创新，并将成果推向市场以从中获益的过程。

一、海尔集团的开放式创新历程

海尔集团作为全球白色家电第一品牌，是国内企业进行开放式创新实践的先驱和典范。2009 年，海尔集团成立了专门从事开放式创新的部门——海尔开放式创新中心，2013 年上线了海尔开放式创新平台 HOPE（Haier open partner ecosystem），致力于打造全球最大的开放式创新生态系统和全流通创新交互社区。

1. 辅助式开放创新

早期的海尔集团（以下简称海尔）饱受产品质量隐患的困扰。1985 年，海尔前身青岛电冰箱总厂厂长张瑞敏提出了“名牌战略”，指出要改进技术管理体系，严抓产品质量。这些对海尔的研发能力提出了更高的要求，然而当时海尔的研发能力及生产能力仍处于积累阶

段，并不能达到这样的高要求，因此海尔将目光投向了企业外部，尝试通过外部技术的引进学习及技术并购来实现自身产品质量的提升。

1984 年 10 月 23 日，青岛电冰箱总厂和德国利勃海尔公司（以下简称利勃海尔）签约引进设备及技术，当年投产并创造了良好的经济效益。在打下了一定的根基之后，海尔先后兼并了原青岛空调器厂、冰柜厂、红星电器公司等 18 家大中型企业，并且与三菱重工等多家企业建立了技术联盟。通过这些措施，海尔一方面引进了电冰箱领域的先进技术，另一方面通过技术联盟形式拓宽技术领域，完善研发体系。

在这个阶段（1984—1988 年），海尔研发活动的重点在于对引进技术的学习和消化。在向利勃海尔引进技术的同时，为了能够掌握利勃海尔的关键技术，海尔派了四十多位公司技术骨干到德国参加相关的技术培训，培养了技能过硬的技术人员。海尔通过不断委派人员学习、自我摸索等方式，消化吸收引进技术，从而确保引进的技术能够真正“为我所用”，实现自身技术创新能力的提升。

而在兼并收购的过程中，海尔通过整合治理过程，快速获取技术资源，提高创新能力，进而实现已有技术和产品性能的快速改进。在与三菱重工、意大利梅洛尼等企业进行技术合作的过程中，海尔分别引进了其空调和滚筒洗衣机的核心技术，并进行消化学习，快速提高自身的技术创新能力。通过与不同类型的企业建立战略联盟，海尔获取了所需技术和人才，分摊了高昂的研发费用，并且利用所获得的技术积累，逐步形成自主的研发能力。

通过这些方式，海尔成功实现了技术创新能力的积累。在电冰箱领域，海尔突破技术瓶颈，攻克了生产四星级电冰箱的难关，成功提升了产品质量，并于 1988 年顺利摘取中国冰箱行业首枚质量金牌。而在其他多个家电领域，海尔通过学习及吸收外部技术，也实现了已有技术和产品性能的快速改进，提升了自己的局部创新能力。

2. 互补式开放创新

在具有一定技术积累之后，一方面为了更好地拓展国际市场，另一方面为了获取前沿领域技术，海尔将目光投向了海外的知名企业，进一步改进研发体系。

在这一阶段（1998—2012 年），海尔联合美国、日本、德国等地的 28 家具有一流技术水平的企业建成海尔中央研究院，并利用全球的科技资源在国内外建立了多个科研开发实体，实现了在产品和技术拓展上的合作共赢。例如，海尔与日本三洋株式会社（以下简称三洋）合作成立合资公司，吸收三洋在东南亚的市场影响力，将其作为海尔全球化进程的一块重要拼图，加速了海尔的全球化开放式创新，增强了研发和技术创新能力。

通过这种以中央研究院为核心，在全球设立研发分支机构的形式，海尔形成了能实时动态监测国际先进技术，实现创新能力跟随的全球化研发网络，以保障海尔能够实时了解前沿技术，快速获取当地技术、人才资源，并且将这些技术整合到海尔实际的产品创新过程中。

在上一阶段的合作研发中，海尔主要是资源提供方，但是在这一阶段，经过多年技术积累，海尔开始强调自主性的合作研发。在与这些企业的合作过程中，海尔采取了以技术换技术的方式，共同进行产品研发，海尔不再是完全依赖于合作伙伴的廉价资源提供方，而是站在与合作伙伴同等的位置上，通过共同研发来攻克产业中的技术难点，显著提升了自身技术创新能力。

通过成功的合作创新实践，海尔产品不断推陈出新，整体创新能力大大提升，冰箱、洗衣机等产品在这一阶段多次获得国内外技术奖项，同时海尔的创新也获得了多方认可。

3. 迭代式开放创新

随着互联网技术的飞速发展，企业间的沟通与交流越来越便捷，组织边界日益开放，用户需求也越来越趋向于个性化与多样化。在这种情况下，传统“瀑布式”的研发模式由于研发周期冗长、研发成本高，并不能及时、充分地满足用户需求，快速、低成本的研发模式迫在眉睫。同时，作为家电产业的领头企业，海尔更是认识到追踪全球领先技术的重要性，从而确保自身能够始终走在产品创新的第一线。

因此，在 2012 年，海尔提出“世界就是我的研发部”，指出海尔需要建设开放程度更高的创新能力体系。为了实现这种高程度的开放式创新，海尔开放式创新中心打造了线上开放式创新平台 HOPE，于 2013 年上线。海尔将遍布全球主要技术高地的线下技术资源网络与 HOPE 平台相结合。在线上，HOPE 平台与全球研发机构和个人合作，为平台用户提供前沿科技资讯以及超值的创新解决方案。在线下，这些创新解决方案则通过十大研发中心及海尔内部各产业线研发平台的协同交互，实现利益共享，有效将一流资源转变为满足用户需求的产品，最终实现各相关方的利益最大化。

在这一阶段（2012 年至今），海尔贯彻“世界就是我的研发部，世界就是我的人力资源部”的理念，快速的资源感知、整合成了海尔创新活动的重心。一方面，海尔建立了全球资源感知网络，通过技术路线图、技术高地探索、前沿技术跟踪等方式，快速了解世界上家电相关的前沿技术。另一方面，为了能够更有效地搜寻全球资源，海尔搭建了全球技术资源平台，整合了全球诸多著名高校、科研机构和知名专家，平台涉及电子、生物、动力、信息等诸多领域，海尔只需要将自己的研发需求放到平台上，就可以吸引很多技术资源找上门，提供相应的解决方案。

从内部技术需求分解、外部技术寻源、技术转化到技术应用，海尔不再专注于“从零开始”的埋头研发，而是将研发的重心放到了将外部技术应用化的研究上，并且根据市场反馈对创新成果进行不断迭代。在这种模式下，外部技术不仅能够有效解决产品研发中的大部分问题，而且能够分散研发风险，大大缩短研发周期，将产品快速推向市场。例如，在金厨冰箱的研发过程中，海尔通过在 HOPE 平台发布需求，快速汇集创新资源，实现企业、专家、设计师、用户的多方互动，再通过线下交易转化，仅耗时 3 个月，这款产品便成功上市，并以 3 个月销售 30 万台的成绩大获成功。

二、乐高公司的分布式共同创造

乐高公司（以下简称乐高）积极与外部合作，如 MIT media lab（麻省理工学院媒体实验室），借助外部的研发力量缩短开发时间。而促成更大幅度的开放式创新，则不得不提到“破坏规则者”这个顾客群。当时乐高与 MIT media lab 合作开发的 Mindstorm 机器人玩具刚推出不久就被这类顾客公开程序代码，起初乐高暴跳如雷，但后来乐高选择开放平台，反而创造出了更多更有创意的点子。

此后，乐高便利用这类顾客进行新点子或机会探索，还成立了乐高 Mindstorm 的交流社群，并且积极与教师们共同开发课程，现在 Mindstorm 已经是许多学校教师教学素材，借以启发学生更多的创意。乐高、MIT media lab 和使用者社群共同形成了一个包含供应者、合作伙伴顾问、外围制造商和教授等的完整生态系。而乐高也借由利润共享、智财保护等配套措施完善了开放式创新。

乐高建立“design by me”设计平台，让顾客下载软件，使顾客能够将自己的创意上传到乐高的平台中，然后经过顾客票选，胜出的创意得以进入乐高的新产品开发中，最后进行商品化上市售卖。“design by me”是一个利用群体智慧集结创作的平台，配合开放式创新的政策与相关的知识产权保护，让每一位顾客都有可能成为产品设计师。乐高运用开放式的顾客共创平台，成功缩短了产品开发时间（由原来的 24 个月降至 9 个月），同时也大大提升了顾客的满意度。

此外，乐高开放式创新也有利润共享模式，并且成功应用在多个项目中。为了保证利润共享模式的顺利完成，乐高采用了知识产权保护等配套措施。通过分布式共同创造的形式，把志趣相投的各方力量汇聚起来，乐高公司就是这种创新模式的典型代表。

任务练习

选择一个你不熟悉的领域，试着做出一个非本专业的小发明，可以利用互联网，可以接受老师指导，也可以咨询其他同学意见，看能否搭建平台，借助外界帮助，完成你的创新。

推荐书单

Alpheus Bingham，Dwayne Spradlin. 开放式创新：企业如何在挑战中创造价值［M］. 涂文文，译. 北京：人民邮电出版社，2012.

任务 3　世界咖啡法

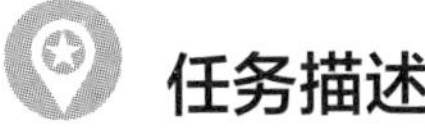

任务描述

在一次整理文档资料的过程中，万东无意中发现了过去与团队一起学习利用头脑风暴法解决问题的笔记，这让他想起了最近了解到的世界咖啡法，这两种方法表面上看起来十分相似，但究竟有什么不同呢？万东决定以“如何有效且低成本地调动整个团队的积极性”为主题，举办一次“世界咖啡”，在加深自己对世界咖啡法了解的同时总结出最有效的团队激励方法。

任务目标

1. 能画出“世界咖啡”的操作流程。
2. 能使用世界咖啡法进行讨论分析，总结出创业过程中激励团队的方法。
3. 能根据主题内容选择并应用世界咖啡法。

任务实施

“世界咖啡”操作流程如图 4-11 所示。

一、团队组建

将“世界咖啡”参与者分为 3 桌，每桌 9 名成员，并推选出各桌桌长，然后对各桌成员二次分组，每桌分为 3 个小组。一号桌的构成如图 4-12 所示。

其他桌构成与一号桌类似。每桌桌长自动成为该桌 A 组成员，桌长职责为：组织本桌旅行者研讨议题；整理旅行者想法，形成书面记录；最终进行研讨成果的发表。

旅行者职责为：围绕议题充分参与研讨，将本桌研讨成果传递分享给其他桌。

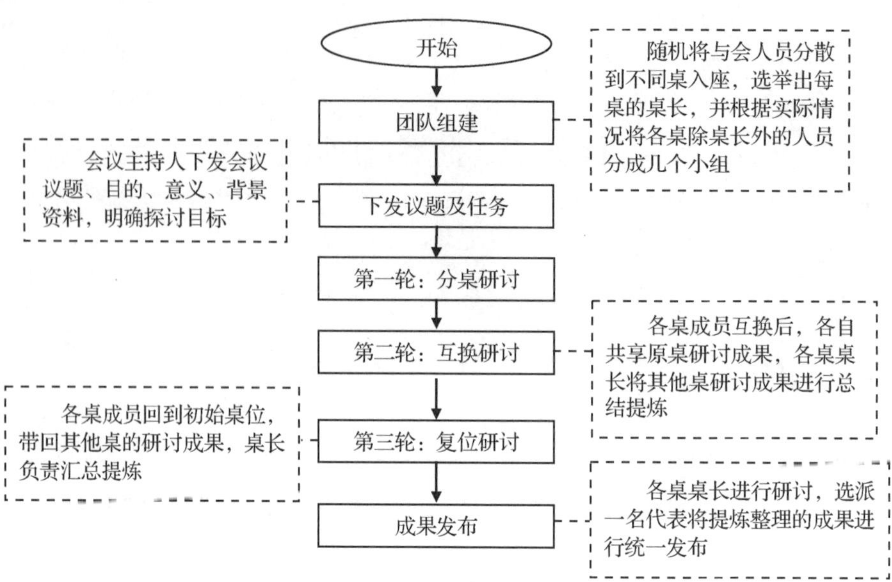

图 4-11　“世界咖啡”操作流程

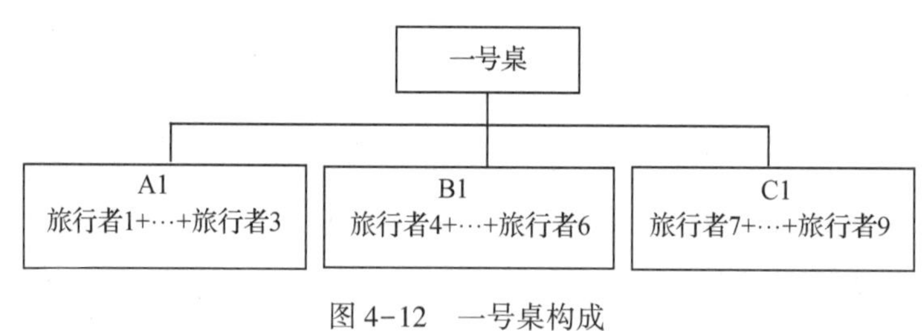

图 4-12　一号桌构成

二、下发议题及任务

在团队组建完成后，万东作为主持人开始下发本次议题：如何有效且低成本地调动整个团队的积极性？

万东鼓励并引导组员们从多方位不同角度入手研讨，大到一个模式或制度，小到一种具体的方法或行为等，都可以提出来研讨。

三、第一轮：分桌研讨

三桌各自开展了 30 分钟的高效研讨，并记录所有已获得的观点。

四、第二轮：互换研讨

旅行者开始“旅行”，并传递本桌观点。按照桌长原位不动、旅行者定向挪动桌次的原则进行成员互换，互换路径见表 4-3，确保每桌都具有其他两桌的代表成员，然后三桌成员充分交换上一轮各桌的研讨成果。

表 4-3　　桌成员互换路径

一桌	二桌	三桌
A1（不动）	A2（不动）	A3（不动）
B1（去二桌）	B2（去一桌）	B3（去一桌）
C1（去三桌）	C2（去三桌）	C3（去二桌）

五、第三轮：复位研讨

旅行者回到原来的桌次，并根据从其他桌获得的观点分享结果进行总结，可能会产生新的启发，也可能会修正原来的观点。三名桌长负责汇总本桌最终研讨成果。

六、成果发布

桌长代表各自桌做总结陈述，发表最终观点。万东根据三位桌长发表的最终观点，整合出一套可行的团队激励机制。

知识链接

一、“世界咖啡”的定义

“世界咖啡”是构建学习型组织的基本方法，是团队协同共进的高效工具，是“用对话解决问题、找到方案”的学习方式，它在一种真诚互利和共同学习的精神指引下把人们齐聚一堂，通过营造朋友聚会式的休闲氛围，让背景各异、观点不一甚至素不相识的人围坐在一起，进行心无障碍的轻松交流，让深藏的思想碰撞出火花，形成集体智慧。它的主要精髓就是通过跨界的交流与讨论，让不同专业背景的人针对特定的主题各抒己见，通过观点之间的互相交流与碰撞，迸发出让人意想不到的观点和想法。

二、“世界咖啡”的适用情境

从理论上讲，“世界咖啡”适合任何内容和主题的讨论与交流，只要是需要发挥集体智慧和团队创造力的话题，都可以使用“世界咖啡”。“世界咖啡”尤其适用于以下情境。

1. “世界咖啡”适用于中型研讨会，一般 12 人以上，开展的时间至少 90 分钟。

2. “世界咖啡”适用于让原本陌生的人展开真正的对话，也可以帮助现有成员建立起更加亲密的关系。

3. “世界咖啡”适用于针对重大的挑战和机会点展开深入探索，在说者和听者之间创造有意义的互动。

4. “世界咖啡”适用于创造新的思路，具有包容性的、轻松和紧密关系氛围下的研讨，在大团体中产出真实对话的过程。

5. “世界咖啡”适用于发挥群体智慧和洞察力，产生大于个体力量的团队成果。

6. “世界咖啡”适用于产出信息，分享知识，激发创新思维。

三、“世界咖啡”的 7 项原则

“世界咖啡”的 7 项原则如图 4-13 所示。

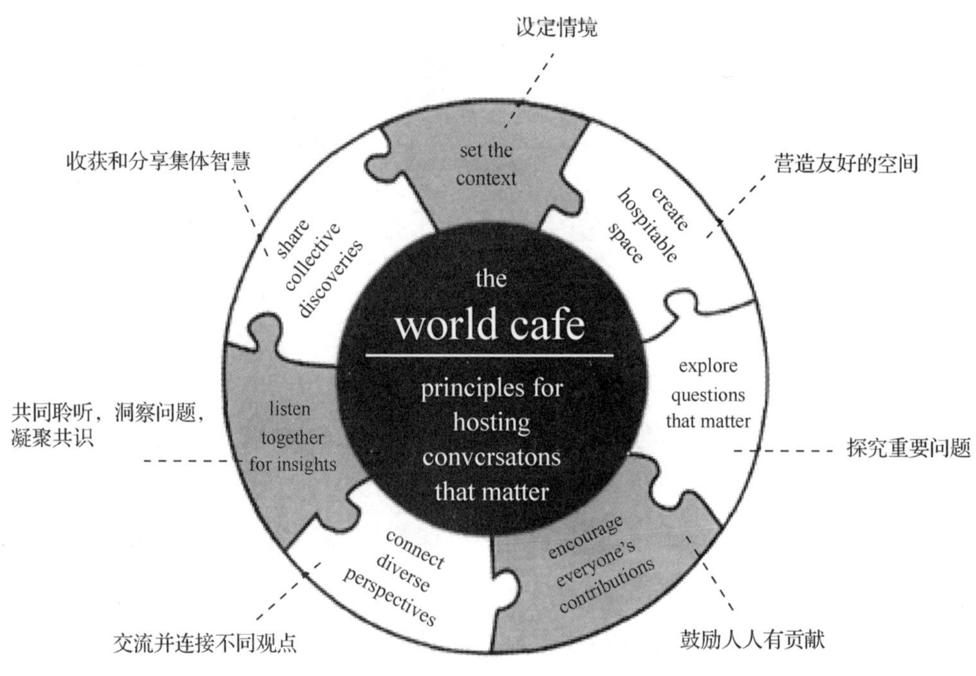

图 4-13 “世界咖啡”的 7 项原则

1. 设定情境

设立清晰的目标，确定参与者，并围绕目标充分展开对话。

2. 营造友好的空间

营造和谐的讨论氛围，提供愉悦的环境，让参与者感到舒适，彼此受到尊重。

3. 探究重要问题

为了开启关键对话，必须先构思出重要的提问。“世界咖啡”的目的就是发掘、探讨有价值的问题。有力的提问是决定这场对话成功与否的关键。

4. 鼓励人人有贡献

邀请成员充分参与对话并发表意见，让每位参与者的声音都能被充分听到。

5. 交流并连接不同观点

开始对话后，每个人要在不同桌次之间更换座位，与陌生人交谈，贡献自己的想法。把每个人发现的问题的精髓与不断扩展的更广范围的人们的想法联系起来，从而不断产生新的模式、不同的视角，创造出新的观点，让参与者的思维不断扩展。

6. 共同聆听，洞察问题，凝聚共识

所有参与者共同聆听其他人的观点，并进行思考和连接，以凝聚更深层的共识。

7. 收获和分享集体智慧

让集体智慧呈现出来，并付诸行动。

四、世界咖啡法应用案例

某中型石油装备制造企业拥有员工 8 000 余人。随着业务发展和人员规模的扩大，该企业的客户满意度逐年降低，干部对管理力不从心，内部员工对工作也是牢骚满腹。该企业管理层经分析，认为协同度低、责任心低、效率低（“三低”）是阻碍企业发展的“元凶”，必须采取有效措施根除“病根”。为此，企业各部门迅速行动，组织员工针对企业发展中存在的“三低”问题展开大讨论。其中，人力资源中心采用世界咖啡法深入探讨了这一问题，实施过程如下。

1. 团队组建

人力资源中心企业文化部组织，邀请人力资源体系核心员工 36 人参与会谈。参与者被分为 3 桌，每桌 12 名成员，每桌推选出桌长并分为 3 组。

2. 确定会谈主题

主办方利用头脑风暴法，组织 3 桌分别列举出工作过程中存在的“三低”问题，共计 38 项。然后，以“保留相关性问题、剔除重复和无效性问题”为原则，带领参与者将 38 项问题归纳为 18 项。随后，3 桌分别对 18 项问题按照紧急度、重要度排序，最终将排序靠前的 9 项问题列为会谈的总目标，请参与者拿出具体举措解决这 3 个维度 9 项问题：协同度低（资源整合能力弱、主动协同意识低、内部信息共享低），责任心低（分工授权不明晰、管理者缺位、客户意识弱），效率低（标准化建设不足、授权不到位、计划性差）。

鉴于问题较多，主持人宣布，优先讨论 3 项协同度低的问题的解决举措。

3. 研讨过程

经过分桌研讨、成员互换研讨和复位研讨 3 轮操作，3 桌均形成了自己的观点，行动举措共计 34 项。

4. 成果发布

人力资源总监带领参与者对 34 项行动举措进行梳理归纳，制订了下一阶段针对“协同度低”问题的行动计划，见表 4–4。

表 4–4　　针对“协同度低”问题的行动计划（纲要）

桌别	针对资源整合能力弱问题的行动举措	针对主动协同意识低问题的行动举措	针对内部信息共享低问题的行动举措
1 桌	1. 计算八步法，把资源的分析在计划中体现 2. 做好资源的分析，明确所在位置 3. 做好资源的开发、管理及维护 4. 及时沟通，确保资源共享能够有效实现	1. 要总结相关案例，组织部门学习，同时找出问题节点，进行自我批评 2. 从项目管理角度，加强并明确每人分工 3. 进行团队协作培训 4. 建立团队理念跨部门的提议分享机制	1. 定期召开跨部门会议 2. 加强反馈意识，第一时间将相关信息反馈给部门责任人 3. 建立信息共享机制，梳理工作中共享不到位的信息类别
2 桌	1. 寻找资源运作的关键点进行突破 2. 经营资源理念，重视利益相关者关系维护 3. 进行价值分享和让渡 4. 以终为始，目的性要强	1. 管理者引导宣贯，建立主动协同文化 2. 目的性和时限性要求 3. 节点和风险点控制 4. 奖惩措施，提议与分享	1. 建立共享平台 2. 及时反馈与沟通 3. 管理人员把控和引导进度 4. 内部工作衔接，上下游沟通
3 桌	1. 盘点资源及客户 2. 明确获取渠道，如经常合作的部门信息及交流机制 3. 建立资源池和数据库 4. 进行项目复盘，发现资源整合中的问题并及时解决	1. 进行员工培养，强化协同意识，创造企业协同文化 2. 管理人员创造协同机会 3. 项目制运作思路	1. 梳理所需信息资源 2. 建立共享平台机构和机制 3. 明确信息端口，保证信息的准确性 4. 及时反馈，发现信息的不足并及时更新

任务练习

采用世界咖啡法组织以“企业创建的准备工作”为主题的研讨活动。

推荐书单

1. 朱安妮塔·布朗，戴维·伊萨克. 世界咖啡：创造集体智慧的汇谈方法［M］. 汤素素，金沙浪，译. 北京：机械工业出版社，2019.

2. 于辉. 世界咖啡屋［J］. 施工企业管理，2012（8）：102.

任务 4　创业模式和方法

任务描述

万东创业创新团队在经历一番激发创业创新思维方法的学习后，产生了很多想法，但如何将这些想法转化为真正的项目，他们还有很长的路要走。首先是要选择适合自己的创业模式和方法，他们试着比较了几种现有典型创业模式和方法的优缺点，逐步确定了适合自己的创业模式和方法。

任务目标

1. 熟悉现有典型创业模式和方法。
2. 能够筛选出适合自己的创业模式和方法。

任务实施

一、熟悉创业模式

创业是复杂的，又是灵活的，应该选择那些既能承担风险又具有创造性的项目。把握创业机会是创业者必备的基本素质之一。创业是实现自身价值的方式，同时需要投入必要的时间和精力。表 4-5 列出了当前较为常见的典型创业模式。

表 4-5　创业模式表

序号	创业模式	说明
1	网络创业（网店）	有效利用已有电商平台开设个人网店或者企业网店
2	加盟创业	分享品牌价值，分享经营诀窍，分享资源支持，采取直营、委托加盟、特许加盟等形式；投资金额因商品种类、店铺要求、加盟方式、技术设备的不同而有所差异

续表

序号	创业模式	说明
3	兼职创业	利用业余时间创业，如教师、培训师可选择做兼职培训顾问（需要注意相关规定），业务员可兼职代理销售其他商品，设计师可自己开设工作室，编辑、撰稿人可朝自媒体运营等方面发展，会计、财务顾问可代理做账、理财业务，翻译可兼职口译、笔译等
4	团队创业	具有互补性或者共同兴趣的成员组成团队进行创业，在某种程度上说，团队创业成功的概率通常高于个人独自创业
5	大赛创业	利用各种商业创业大赛获得资金支持，从而实现创业，如雅虎、网景等企业都是从商业竞赛中脱颖而出的，创业大赛被形象地称为创业孵化器
6	概念创业	凭借创意、点子、想法创业。这些创业概念必须标新立异，至少在打算进入的行业或领域中是个创举，才能抢占市场先机，吸引风险投资商的眼球。同时，这些超常规的想法还必须具有可操作性，而非天方夜谭
7	内部创业	在企业支持下，有创业想法的员工承担企业内部的部分项目或业务，并且和企业共同分享劳动成果。这种创业模式的优势是，创业者无须投资就可获得丰富的资源

二、熟悉创业方法

熟悉创业方法可以帮助创业者快速创办企业。目前，创业方法主要有马兰花创业方法、四步创业法、精益创业法和有序创业 24 步法等。

1. 马兰花创业方法

马兰花创业方法也称十步创业法，分为创业意识和创业计划两部分。创业意识（前两步）主要帮助创业者了解成功小企业家的特征和创业失败的共同原因，评价自己是否适合创办企业，估算自己创办企业所需的资金，选择一个切合实际的企业构思；创业计划（后八步）主要涉及如何准备创业计划和创办新企业所要采取的行动。十步内容如下。

第一步：评价你是否适合创业（即创业适应性分析）。

第二步：建立一个好的企业构思（即创业项目构思和选择创业项目）。

第三步：评估你的市场（即产品、顾客及竞争对手分析）。

第四步：企业的人员组织（即企业经营团队的人员安排）。

第五步：选择你的企业法律形态（即申办何种经营许可）。

第六步：企业的法律环境和责任（即创业意味着何种法律风险和法律责任）。

第七步：预测你的启动资金。

第八步：制订你的利润计划（包括成本效益分析等）。

第九步：判断你的企业能否生存（包括对创业项目的可行性分析等，草拟创业计划书）。

第十步：开办你的企业（介绍开办企业的实际程序）。

2. 四步创业法

四步创业法是精益创业理论的基础，是美国硅谷资深企业家斯蒂文・布兰克（Steven Gary Blank）从 25 年创业实践中总结出的一套简洁实用的创业方法。他提出全新的客户发展方法以弥补现有产品开发方法的缺陷。他一共创办了 8 家企业，包括一家企业级软件公司、两家半导体芯片公司、一家培训公司、一家超级计算机公司、一家计算机配件公司、一家军事情报系统公司和一家游戏公司，并担任多家硅谷科技公司的董事和创业顾问。四步创业法将创业过程分为四个步骤，如图 4-14 所示。

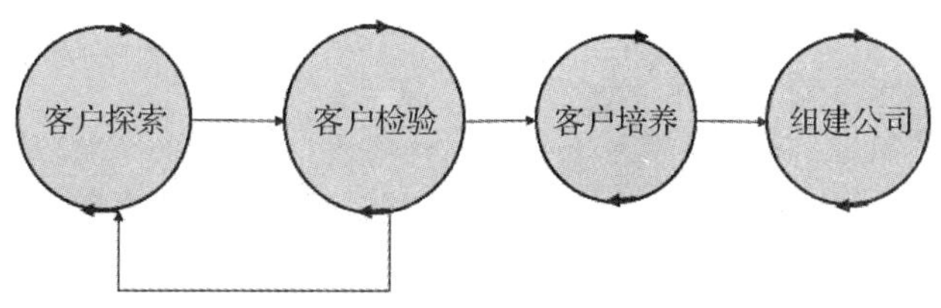

图 4-14　四步创业法

第一步：客户探索。客户探索的目标是根据既定的产品设计去寻找目标客户，判断产品能否解决他们的问题。检验商业计划中关于产品、待解决问题以及客户的各种假设是否正确。为此，必须放弃猜测，走出办公室去发掘最有价值的问题，弄清楚产品应该如何解决问题，弄清楚谁是你的客户（谁有权决定购买产品或影响购买决定，以及谁是产品的实际用户）。完成这些任务后，产品的特色就会清晰可见。请注意，客户探索的目标既不是从潜在客户那里收集产品功能，也不是不停地召开用户研讨会。在创业公司里，定义产品雏形的工作通常由公司创始人或产品开发团队完成。客户探索的任务就是判断是否有顾客买产品雏形的账。

客户探索流程如图 4-15 所示，主要分为四个步骤：第一步是提出假设，第二步是检验有关待解决问题的假设，第三步是检验有关产品的假设，第四步是阶段小结。

第二步：客户检验。客户检验的目标是找出可以反复使用的销售模型，供销售团队以后使用。销售路线图是经过早期客户验证的销售流程。换句话说，客户检验的任务就是判断是否有顾客愿意掏钱购买产品。

客户探索和客户检验共同验证商业模型。完成这两步后，企业可以找到客户，定位市场，了解产品价值，制定定价策略和渠道策略，检验销售模型和销售流程。只有当创业者发现了稳定的回头客和可以反复使用的销售流程，以及根据这两者建立的商业模型后，才能进入下一步。

客户检验流程如图 4-16 所示，主要分为四个步骤：第一步是准备销售产品，第二步是向潜在客户销售产品，第三步是调整产品定位和公司定位，第四步是阶段小结。

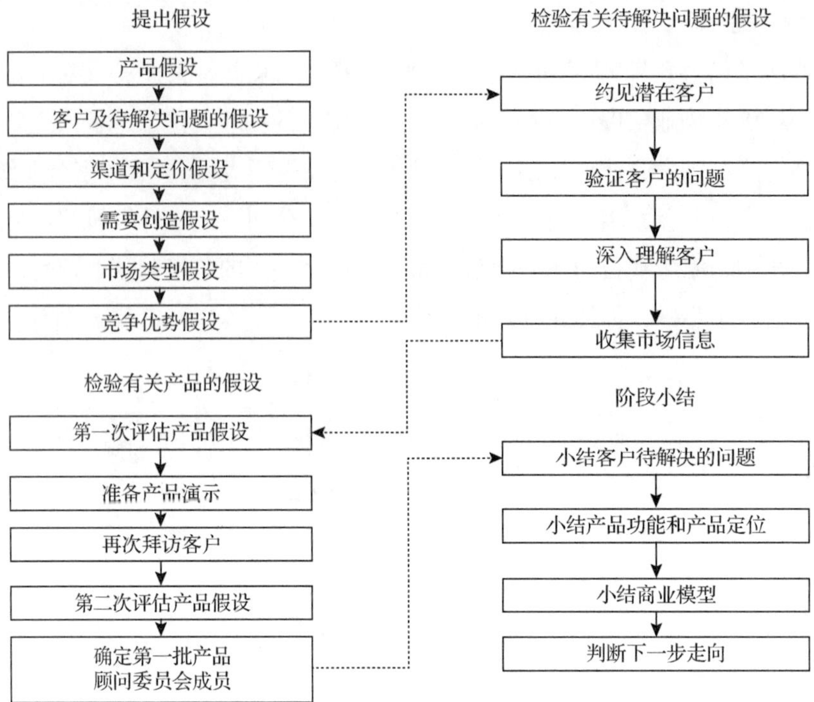

图 4-15　客户探索流程图

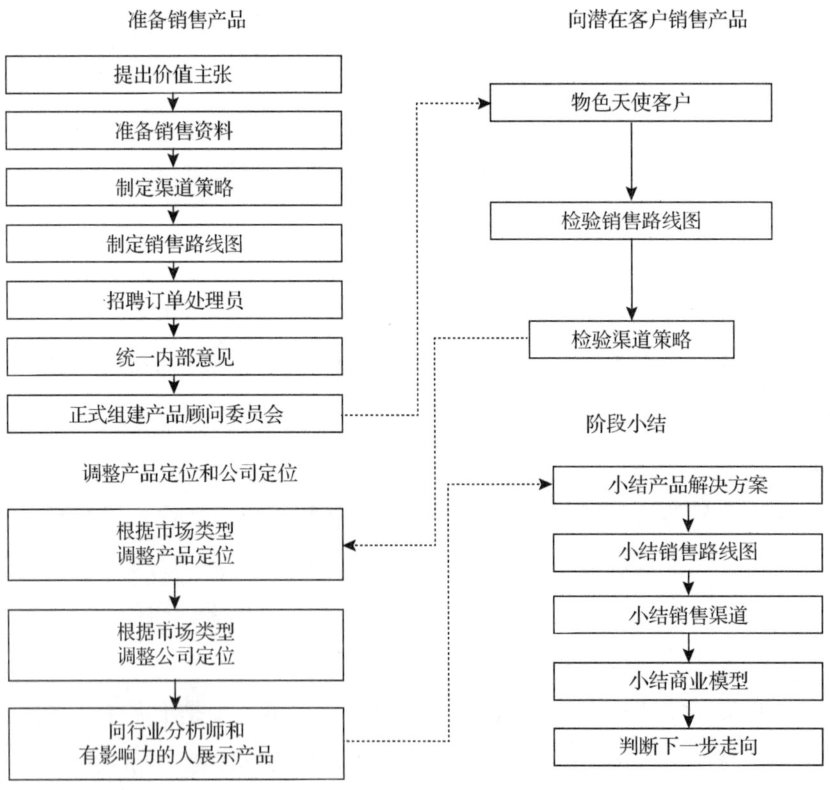

图 4-16　客户检验流程图

第三步：客户培养。客户培养的目标是激发更多的潜在客户，并把新的购买需求引入销售渠道。这一阶段紧接客户检验，在首批客户的帮助下，进一步扩大客户规模。客户培养的具体方法因市场类型而异，创业公司选择的目标市场不尽相同，有些公司会选择有明确竞争对手的市场（现有市场），有些公司会选择开拓全新的市场，还有些公司则采取折中的办法，向现有市场推出改良产品，希望细分市场，每种情况对应的客户培养方法都不相同。

客户培养流程如图 4-17 所示，主要分为四个步骤：第一步是准备发布产品，第二步是确定产品定位和公司定位，第三步是发布产品，第四步是阶段小结。

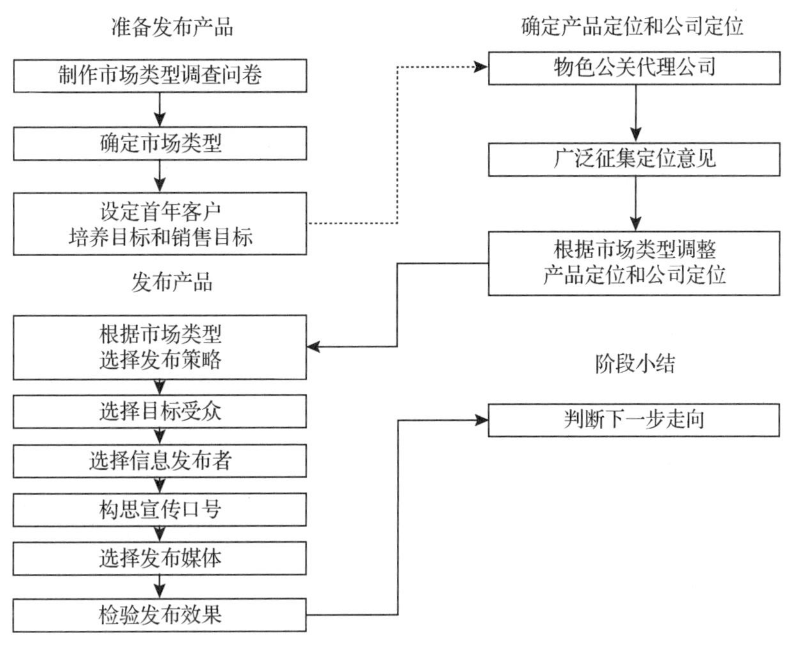

图 4-17　客户培养流程图

第四步：组建公司。组建公司的目标是完成从学习探索型的客户发展团队向编制完整的正式企业过渡，包括招聘营销主管、销售主管、业务拓展主管等。这些主管负责组建各自的部门，进一步扩大产品的市场份额。

组建公司流程如图 4-18 所示，主要分为四个步骤：第一步是客户过渡，第二步是建立以目标为中心的企业文化，第三步是组建职能部门，第四步是提高职能部门反应速度。

3. 精益创业法

精益创业法是一种流行的创业方法论，它的核心思想是，先在市场中投入一个 MVP（minimum viable product，极简的原型产品），然后通过不断学习和有价值的用户反馈，对产品进行快速迭代优化，以期适应市场。精益创业可以分六步完成。

第一步：利用精益画布工具整理创业想法的商业模式。

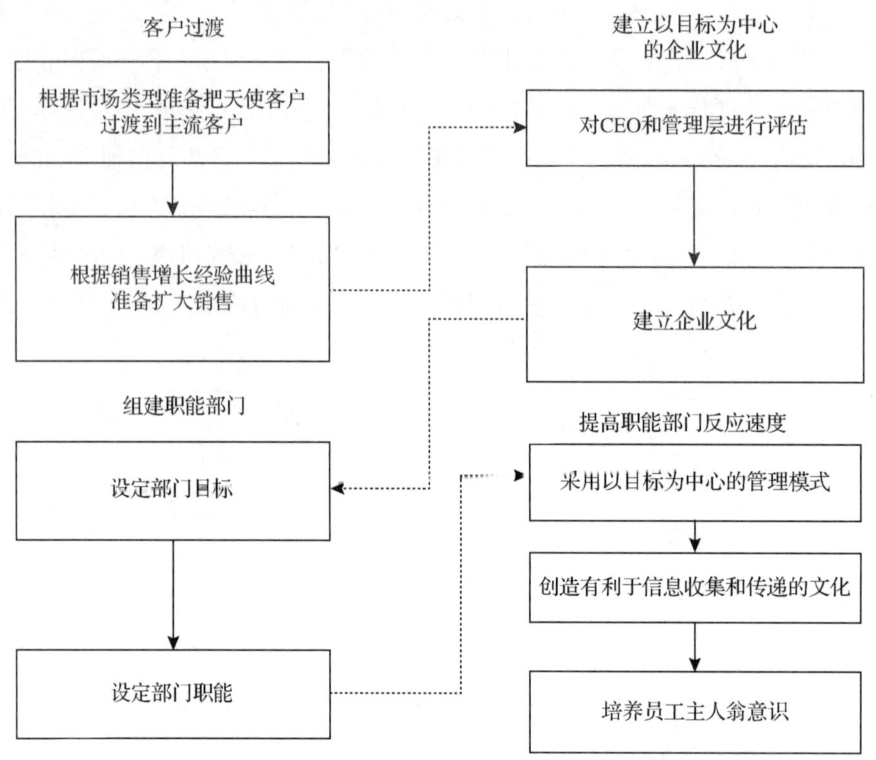

图 4-18　组建公司流程图

当你有了一个创业想法后，首先要利用精益画布工具（见图 4-19）整理创业想法的商业模式。

使用精益画布和最简洁的语言，在一张纸上把创意所对应的商业模式分析清楚。创业者的任务并不只是提供最佳解决方案，而是形成一套完整的商业模式，并保证模式中的所有元素都能相互配合，构筑坚固的逻辑链条。从一个创业想法出发，成功地创立一家可持续发展的企业，必须面对精益画布中的所有难题。使用精益画布整理创业想法好处较多，可以让你系统性地思考，“逼迫”你简单扼要地整理产品的核心竞争力。你可以按照数字标注的顺序来填写这张表格，这是思考一个创业想法的合理顺序，如图 4-20 所示。

第二步：选择最合适的商业模式作为切入点。

基于一个创业想法，针对不同的细分客户，可能会画出不同的精益画布，此时必须找到风险性最小的一种商业模式，作为开展业务取得突破的切入点。创业初期一定要脚踏实地，从一个客户的小痛点出发，逐渐扩充自己的功能。为不同的商业模式排序，遵循的原则是有足够大的市场，有合适的客户渠道，客户真的需要你的产品，且你能借此发展壮大。

具体来说，可以按以下顺序判断：

一是客户“痛苦”程度。应针对最需要你的产品的客户开展业务。

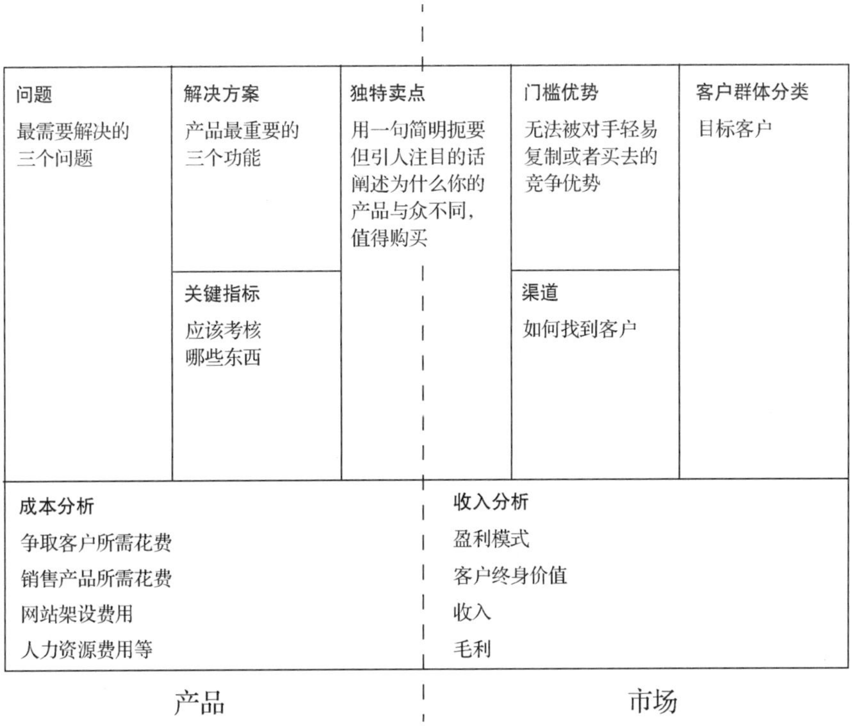

<table>
<tr><td rowspan="2">问题
最需要解决的三个问题</td><td>解决方案
产品最重要的三个功能</td><td rowspan="2">独特卖点
用一句简明扼要但引人注目的话阐述为什么你的产品与众不同，值得购买</td><td>门槛优势
无法被对手轻易复制或者买去的竞争优势</td><td rowspan="2">客户群体分类
目标客户</td></tr>
<tr><td>关键指标
应该考核哪些东西</td><td>渠道
如何找到客户</td></tr>
<tr><td colspan="3">成本分析
争取客户所需花费
销售产品所需花费
网站架设费用
人力资源费用等</td><td colspan="2">收入分析
盈利模式
客户终身价值
收入
毛利</td></tr>
</table>

产品　　　　市场

图 4-19　精益画布工具

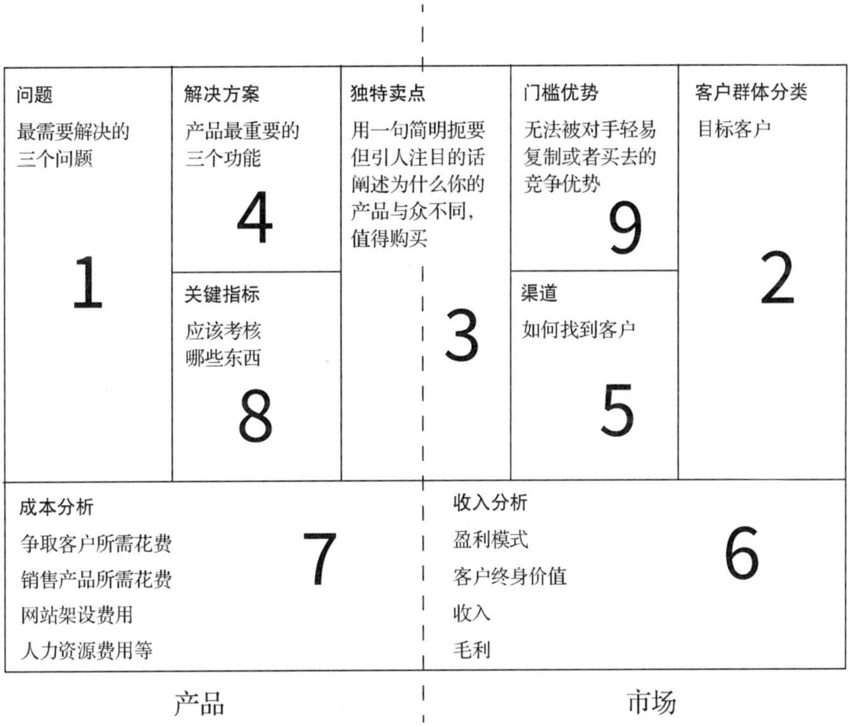

<table>
<tr><td rowspan="2">问题
最需要解决的三个问题
1</td><td>解决方案
产品最重要的三个功能
4</td><td rowspan="2">独特卖点
用一句简明扼要但引人注目的话阐述为什么你的产品与众不同，值得购买
3</td><td>门槛优势
无法被对手轻易复制或者买去的竞争优势
9</td><td rowspan="2">客户群体分类
目标客户
2</td></tr>
<tr><td>关键指标
应该考核哪些东西
8</td><td>渠道
如何找到客户
5</td></tr>
<tr><td colspan="3">成本分析
争取客户所需花费
销售产品所需花费
网站架设费用
人力资源费用等
7</td><td colspan="2">收入分析
盈利模式
客户终身价值
收入
毛利
6</td></tr>
</table>

产品　　　　市场

图 4-20　精益画布思考顺序

二是获取客户渠道的难易程度。

三是价格/毛利的多寡。

四是市场规模。

五是技术可行性。

第三步：再次确定精益画布上信息的准确性。

在开发创业产品之前，通过客户交流再次确定自己建立的精益画布上的信息准确性。创业想法仅仅是一个开始，更多的是看创业者的行动能力，很多成功企业最终的产品和它最原始的产品想法相比可以说是“面目全非”了。采用精益创业的方法，客户访谈是非常重要的步骤，不仅仅在验证想法阶段，在推出 MVP 后，在产品快速迭代过程中也都是必不可少的。这一阶段的访谈，重点在于对想法的验证，因此你并不需要真的准备好你的产品，甚至不要去谈自己的解决方案，以免让客户感觉是在参与一场产品推介。访谈至少要进行 20 次。每次访谈都需要详细记录。最后根据在访谈中获得的信息，再次审视自己的精益画布，进行有针对性的修改。

第四步：针对自己对客户痛点的解决方案进行客户访谈。

经过第三步，你应该对自己的创业想法有了更加深入的思考，对解决方案也有了全新的认识。如果你所想到的客户痛点是真实存在的，而你也认为你的解决方案是真实可行的，请不要忙着去做开发，你应该再做一次针对解决方案的访谈。你只需要准备一个可以演示你的解决方案的东西，比如用 Photoshop 软件做的界面图，或者是 CAD 模型等，总之既要快又要省钱。演示的产品必须可实现、看起来够真实、能迅速改进和尽量避免浪费。

第五步：推出 1.0 版的产品。

经过两轮访谈，你的画布也许已经有了不少修改。现在到了推出真实产品的时候了，第一版一定是精简版的，只包含那些最必要的功能，至于那些不紧迫的和“锦上添花”的功能，可暂不考虑。1.0 版的产品就是所谓的 MVP。

在这个过程中，一定要积极主动地去获取用户的反馈，也就是你要安排更多的访谈了。根据反馈，筛选出和你的目标功能方向一致的意见，迅速对产品进行迭代改进，快速发布更新。

第六步：正式上线产品。

MVP 经过快速多轮的迭代改进，已经得到很大改善，初期的天使客户也积累到了一定程度，产品可以正式上线，但产品正式上线后监测用户使用状况和积极获取反馈的工作必须持续进行。随着产品的不断完善，你会自然而然想到丰富产品的功能，添加功能的目的应该是以 MVP 为逻辑起点，不断增强产品的核心卖点，绝不应该是为了添加而添加，不论是开发软件，还是开发具体的产品，精益创业法都可以立即帮助到创业者。采用精益创业法，创业者时刻保持清醒的头脑，时刻关注资源，时刻微调方向，这是创业者走向成功的重要保障。

4. 有序创业 24 步法

有序创业 24 步法大致可以分为六个主题，分别是你的客户是谁、你能为客户提供什么、客户怎样购买你的产品、如何通过产品赚钱、如何设计和开发产品、如何让业务规模化发展。其主要流程分为 24 步。

（1）市场细分。在这一步中要做三个方面工作：一是运用头脑风暴法，列举出潜在的客户群体和市场；二是把目标缩小到其中最有前景的 6~12 个市场；三是针对这 6~12 个市场搜集调查资料。要想创业成功，必须从客户和企业两个角度想问题、看问题。

（2）选择切入点市场。在这一步中要做两个方面工作：一是分析 6~12 个市场机会，从中选择一个进行开发；二是继续对该市场进行细分，指导确定切入点市场。选择切入点市场是缩小聚焦范围和达成目标的重要方式。

（3）明晰最终用户特征。在这一步中要做的工作是利用主要市场调查对市场细分中的典型用户做详细描述，利用目标客户特征定义最终用户。

（4）估算切入点市场规模。在这一步中要做两个方面工作：一是利用第 3 步的最终用户特征确定切入点市场规模；二是利用市场规模确定是否需要对市场继续细分，以便估算出更合理的切入点市场规模。了解切入点市场规模非常重要，尽管你可以以后再对市场规模进行调整，但尽早考虑这一个问题和开发大致规模市场仍是明智的做法，可帮助你找到正确的发展方向。

（5）刻画切入点市场用户模型。在这一步中要做三个方面工作：一是从潜在客户中选择一位最终用户做模型或者样本；二是对其进行详细描述；三是让所有部门了解用户模型状况，持续不断地深入理解其特征。刻画切入点市场用户模型是为了确保企业中每个人都能不约而同地聚焦同一个目标。

（6）产品的全生命周期使用案例。在这一步中要做三个方面工作：一是详细描述你的用户是如何发现、购买、使用你的产品，如何从中获得价值，如何付费，以及如何重复购买和进行口碑传播的；二是理解为什么进行案例分析对于及时低成本发现和解决客户问题非常重要；三是通过详细分析产品的全生命周期使用案例，可进一步澄清需求，让团队形成共识并协同工作。开发产品的全生命周期使用案例能帮助你聚焦两个问题：一是你的产品能为客户做什么，二是客户使用你的产品能做什么。

（7）产品的核心规格。在这一步中要做两个方面工作：一是为产品开发视觉化演示方案；二是聚集产品特点带来的利益，但又不要仅强调产品特点。详细说明产品规格才能保证团队聚焦目标客户，保证大家对产品形成统一认识。

（8）量化价值定位。在这一步中要做两个方面工作：一是明确你的产品是如何为客户带来价值的，二是把量化的价值展示给客户。让产品价值具体化永无止境！量化价值定位可以帮助你准确了解产品能为客户带来多少可衡量的价值。

（9）识别10位早期客户。在这一步中要做两个方面工作：一是根据用户模型，找到至少10位符合最终用户特征的潜在客户；二是拜访这些客户，验证他们的相似度以及购买产品的意愿。根据用户模型找到10位潜在客户，此举能很好地证明你的前进方向正确无误，同时帮助你针对前面的步骤做出调整。

（10）定义你的核心竞争力。在这一步中解释为什么你的企业能够为客户提供其他企业无法提供的解决方案。你要阐明你的企业能够为客户提供比其他企业更好的解决方案。这是初创企业的核心优势，是夺取最终“王冠”的关键。

（11）形象化展示竞争地位。在这一步中要做三个方面工作：一是展示你的产品在满足用户模型两大优先需求方面做得有多好；二是相较于你的产品，现有其他产品在满足用户模型优先需求方面做得有多好；三是分析你选定的市场机会与企业的核心竞争力和用户模型优先需求是否匹配。竞争地位可以让企业充分利用核心竞争力，将其转化成为客户创造真正价值的能力，是客户真正的关注点。

（12）明确客户的决策团队。在这一步中要做两个方面工作：一是明确谁是产品采购的最终决策者，谁是采购决策的支持者；二是会见有可能影响采购决策的成员。目标客户通常都是通过团队制定采购决策的。了解决策团队中每个人的角色和兴趣至关重要，它不仅有利于销售活动，而且有利于产品的早期开发和属性确定。

（13）绘制获取付费客户的流程。在这一步中要做三个方面工作：一是描绘客户决定采购产品的过程，二是估算产品的销售周期，三是识别所有可能延长产品销售周期的预算、法规或合规性因素。了解清楚谁是采购决策者后就要弄清楚他们会怎样决策，以及采购过程涉及哪些环节，这样可以帮助你设计产品和优化销售流程。

（14）估算后续市场的规模。在这一步中要做两个方面工作：一是考虑占领切入点市场后企业准备拓展的后续市场，二是估算后续市场的规模。虽然一再强调对切入点市场的高度聚焦，但是你也要抽出一些时间分析后续市场。这种分析可以是概括性的，不需要很多细节，可以预测一下后续市场有哪些，规模有多大等。

（15）设计商业模式。在这一步中要做两个方面工作：一是了解不同行业现有的商业模式，说明你的产品怎样为客户创造价值；二是依据前面已经完成的工作步骤，运用头脑风暴法为企业设计创新的商业模式。企业为客户创造价值应该得到多少回报，这是一个需要创业者聚焦但却经常被忽略的问题。

（16）确定定价策略。在这一步中要利用量化价值定位和商业模式为产品确定合适的定价方案。确定了商业模式，接下来要确定的就是定价策略。定价策略的微调会对企业收入产生巨大影响。

（17）估算客户终身价值。在这一步中要做两个方面工作：一是加总你能够从一个客户那里获取的全部销售收入，二是根据项目的投资回报率调整销售收入总额。确定了初步的定价方案，接下来你要为新企业算笔账了，你获取新客户的成本是不是远远低于企业从客户终身服务中获取的价值。

（18）绘制销售流程图。在这一步中要为产品设计短期、中期和长期的销售策略。了解客户获取成本可以帮助你弄清楚成本结构，从而缩短销售流程，提高成本效率。

（19）估算客户获取成本。在这一步中你要根据销售流程，估算在短期、中期和长期销售策略中，企业获取一位客户需要支付多少成本。创业者需要有乐观精神，但盲目乐观会蒙蔽双眼，看不到真实的客户获取成本。真实客观地评估客户获取成本非常重要，你可以以此为基础对错误的成本进行调整。

（20）识别关键假设。在这一步中要做两个方面工作：一是确定有关你的企业的哪些假设还未经测试验证，二是按照重要程度列出前 5~10 个假设。新企业要成功运行，必须保证那些关键假设准确无误。

（21）测试关键假设。在这一步中要做两个方面工作：一是根据列出的关键假设，设计经验化的测试以验证或否定假设；二是实施经验化的测试，快速高效地验证假设，消除和降低创业风险。在识别关键假设之后，要用科学的方法逐个进行测试，然后才能全面投入运行。

（22）定义客户最可能购买的基本产品。在这一步中要整合所有假设进行系统测试，找出客户愿意付费购买的基本产品特征。虽然对产品充满信心，但是别忘了资源很有限。接下来要破釜沉舟，推出客户愿意付费购买的最基本产品。只开发最基本的产品功能即可，这样既能降低风险，又能以科学的方式继续测试关键假设。

（23）验证客户付费意愿。在这一步中要做两个方面工作：一是以量化方式证明客户将为你定义的客户最可能购买的基本产品付费，二是设计指标衡量最可能购买的基本产品在客户中形成的口碑。开发了客户最可能购买的基本产品，接下来就要用数据说明有多少客户愿意付费购买。切记不要主观臆断，要有真实数据。

（24）设计产品方案。在这一步中要做两个方面工作：一是以客户最可能购买的基本产品为基础，确定要为切入点市场客户开发哪些产品特征；二是占领切入点市场后，确定可以向哪些毗邻市场销售产品，以及针对每一个新市场如何调整产品。现在你可以聚焦后续市场并制定产品开发方案了，这样可以保证你的业务有持续开发能力，而不是只存活于切入点市场。

任务练习

请根据自己的实际情况筛选适合自己的创业模式和方法。

推荐书单

1. 人力资源社会保障部职业能力建设司，中国就业培训技术指导中心. 创办你的企业：创业意识培训册［M］. 2版. 北京：中国劳动社会保障出版社，2017.

2. 人力资源社会保障部职业能力建设司，中国就业培训技术指导中心. 创办你的企业：创业计划培训册［M］. 2版. 北京：中国劳动社会保障出版社，2017.

3. 龚焱. 精益创业方法论：新创企业的成长模式［M］. 北京：机械工业出版社，2015.

4. 比尔·奥莱特. 有序创业24步法：创新型创业成功的方法论［M］. 徐中，译. 北京：机械工业出版社，2017.